Symbol Nr. 1

Der kosmische Spira

Das Symbol zeigt 7 kosmische Spiralkreisläufe. Innerhalb jedes Kreislaufs werden die 6 Daseinsebenen und alle Kontraste des Lebens erlebt. Auf diese Weise wird die Grundlage für eine ewige Lebenserneuerung für alle Lebewesen gebildet.

Die farbigen Felder symbolisieren die 6 Daseinsreiche:

Rot	Pflanzenreich
Orange	Tierreich
Gelb	Wahres Menschenreich
Grün	Weisheitsreich
Blau	Göttliche Welt
Indigo	Seligkeits- oder Gedächtnisreich

Im orangen Feld (Tierreich) sind die einzelnen kosmischen Spiralkreisläufe benannt:

Spiralkreislauf	A	Atom- / Stoffspirale
Spiralkreislauf	B	Zellspirale
Spiralkreislauf	C	Organspirale
Spiralkreislauf	D	unsere eigene Spirale

(Das weiße Feld symbolisiert den Bereich, den wir normalerweise als lebendig wahrnehmen)

Spiralkreislauf	E	Planetenspirale
Spiralkreislauf	F	Sonnensystemspirale
Spiralkreislauf	G	Milchstraßenspirale

Die Spiralkreisläufe sind im Mikrokosmos wie auch im Makrokosmos unendlich und bilden eine vollkommene organische Zusammenarbeit zwischen allen Lebewesen des Universums.

Siehe hierzu auch die Erklärung von Symbol Nr. 14 im Buch Martinus, *Das Ewige Weltbild*, Band 1.

Uwe Todt

Kosmisches Wissen

Der neue Weltimpuls
des Dänen Martinus

NOVALIS

EDITION MARTINUS

Wir danken Henry Nold für seine finanzielle Unterstützung und dem Martinus Institut Kopenhagen für die freundliche Genehmigung zum Abdruck der Symbole.

© 2012 Novalis Verlag GbR Neukirchen
Alle Rechte vorbehalten
Printed in Israel
ISBN 978-3-941664-302

Redaktionelle Hinweise

Zitierte Texte sind eingerückt und *kursiv* gesetzt.

Zitate im laufenden Text sind *kursiv* gesetzt.

Feste Redewendungen und im übertragenen Sinn gebrauchte Worte sind in einfachen Anführungszeichen (, ... ') wiedergegeben.

Die Schreibweise der dänischen Namen und Begriffe ist möglichst im Original wiedergegeben.

Buch- und Zeitschriftenartikel sind *kursiv* wiedergegeben.

Abkürzungen

1. Werke

Martinus:
EW1 bis 4	Das Ewige Weltbild, Band 1 bis 4
IC	Den Intellektualiserede Kristendom (Das Intellektualisierte Christentum)
LB1 bis 7	Livets Bog (Buch des Lebens), Band 1 bis 7. Die Bände 1 und 2 liegen unter dem dänischen Titel in deutscher Übersetzung vor. Nach Fertigstellung des Manuskripts sind auch die Bände 3 und 5 erschienen.

Steiner, Rudolf:
GA	Gesamtausgabe

Todt, Uwe:
ML	Martinus Leben und Werk, Band I, Martinus' Leben 1890-1981
MW	dto., Band II, Sein Werk

Texte aus Büchern, die mit dem dänischen Titel aufgeführt sind, sind von mir (U.T.) übersetzt, ausgenommen die ersten beiden Bände des Livets Bog, da diese mit dem dänischen Titel auf Deutsch vorliegen.

Die angeführten Bibel-Zitate sind der Elberfelder Übersetzung, Brockhaus-Verlag, Wuppertal, 7. Auflage 2000, entnommen.

INHALT

Vorwort	1

1. Wer war Martinus? 4
  1.1 Geboren am untersten Ende der sozialen Schichten   4
  1.2 Ein unbekannter Molkereiangestellter, der die Schranken von Raum und Zeit durchbricht   6
  1.3 Zum weiteren Leben von Martinus   11

2. Ein Überbewusstsein steuert die Entwicklung aller Wesen und des Alls   13
  2.1 Es gibt keine unabhängig vom Bewusstsein bestehende Welt.   13
  2.2 Die Mitte des Alls ist ein universelles Ich. Es ist das scheinbare Nichts, die Leere, in der potenziell alles enthalten ist.   14
  2.3 Durch die Aufspaltung der Schöpferkraft des universellen Ichs entstehen die unzählbaren Myriaden von Wesen.   17
  2.4 Die Wesen werden von dem Urbegehren getrieben, in ihren Schöpfungen die Fülle des universellen Ichs zu offenbaren.   19
  2.5 Universelles Ich, Urbegehren und individuelle Schöpferkraft bilden ein Überbewusstsein jedes Wesens.   21
  2.6 Die Schöpferkraft des Überbewusstseins ‚erzeugt' sechs Grundenergien, aus denen die Schwingungen und Bewegungen der erschaffenen Welt bestehen.   23
  2.7 Alle Energien werden von Wesen manifestiert und erlebt.   25
  2.8 Alle Wesen sind Wahrnehmungs- und Schöpfungsorgane Gottes.   27
  2.9 Die Schöpferkräfte des Überbewusstseins wurden früher als himmlische Hierarchien wahrgenommen.   29

3. Alle Wesen durchlaufen sechs Daseinsebenen in sieben Spiralkreisen. Aus ihrem Manifestieren und Erleben entsteht das All.   31
  3.1 Kein Wesen ist höher oder niedriger gestellt als alle anderen.   31

3.2 Jedes Wesen ist mit Mikro- und Makrowesen verbunden. Die Mikrowesen liefern dem Makrowesen das Erleben, aus dem dieses sein eigenes Erleben formt. 32
3.3 Das Makrowesen stellt den Mikrowesen die Umwelt zur Verfügung, in der es lebt. 33
3.4 Im Laufe seines Weges durch die Daseinsebenen und Daseinsreiche erschafft und erlebt jedes Wesen einen zeitlich ausgedehnten Kosmos. 35
3.5 Die Schöpfung jedes Wesens wird durch drei innere und drei äußere Energien hervorgebracht, die drei polare Gegensatzpaare bilden. 37
3.6 Damit die polaren Energien wirken können, wird vom Überbewusstsein ein sich ständig verschiebendes Ungleichgewicht zwischen ihnen erzeugt. 39
3.7 Jedes Wesen wandert in einem aufsteigenden Spiralkreis vom göttlichen Bewusstsein in die Finsternis des Tierbewusstseins und wieder zurück zum Licht. Gott hat durch die Wesen sein primäres und sein sekundäres Bewusstsein. 43
3.8 Mit den unteren drei Energien bildet das Überbewusstsein das Eigensein der Wesen. Mit den oberen drei Energien führt es sie wieder zum universellen Sein. 46
3.9 Der Kreislauf von der Geburt bis zur Wiedergeburt ist ein Abbild des kosmischen Spiralkreislaufs. 48
3.10 Jedes Wesen bildet in seinem Durchgang durch ein Daseinsreich den Spiralkreislauf ab. Es ist nicht an ein bestimmtes Makrowesen gebunden. 50
3.11 Anmerkungen zur *Geheimwissenschaft im Umriss* von Rudolf Steiner aus der Sicht der Geisteswissenschaft von Martinus. 53
3.12 Die Individualität ist eine vorübergehende Erscheinung. Wesen vereinigen sich und bilden ein umfassenderes Bewusstsein. 58
3.13 Alle Wesen sind mit Mikro- und Makrowesen ihres Entwicklungsabschnittes verbunden. 60
3.14 Wesen vom gleichen Entwicklungsabschnitt bilden einen Makroorganismus von der Zellspirale bis zur Galaxienspirale. Kontinuierlich lösen sich Teile des physischen Kosmos auf und kontinuierlich entstehen neue Welten. 63
3.15 Kehrt auch die Bewegung der Wesen durch den Spiralkreislauf der Daseinsebenen zu ihrem Ausgangspunkt zurück? 65

Inhalt IX

4. Die kosmische Ordnung und die Freiheit der Wesen   70
4.1 Die Naturgesetze sind automatisch ablaufende Funktionen von Makrowesen.   70
4.2 Jede Wahrnehmung gibt die Perspektive des Wahrnehmenden wieder. Dieses Perspektivprinzip bestimmt auch unsere Wahrnehmung des Makro- und des Mikrokosmos.   72
4.3 Der Eindruck von Stoffen entsteht durch unscharfe makrokosmische Wahrnehmungen.   75
4.4 Alle automatischen Funktionen unseres Organismus werden von Talentkernen ausgelöst, die einmal durch willkürliches Einüben gebildet wurden.   76
4.5 Unsere Organe werden von Talentkernen aufgebaut, die wir in der vorigen Spirale gebildet haben. Sie ziehen Organwesen an, deren Talentkerne in einem automatischen Prozess die Zellen aufbauen.   78
4.6 Unser Organismus oder Gesamtkörper wird von Talentkernen der Erde aufgebaut. Wir entwickeln die Talentkerne für einen neuen Organismus, den wir in der nächsten Spirale unseren Mikrowesen zur Verfügung stellen.   80
4.7 Die Wesen der übergeordneten Spirale entstehen durch Zusammenschlüsse von Wesen der untergeordneten Spirale und entwickeln eine neue Identität.   82
4.8 Unsere zukünftigen Körper im wahren Menschenreich und den darauf folgenden drei geistigen Reichen sind bereits in Talentkernen der Erde gespeichert.   83
4.9 Die Organismen und Organe aller Daseinsebenen werden ewig weiterentwickelt   84
4.10 In der erschaffenen Welt ist freies Handeln möglich. In der ewigen Ordnung gibt es kein Handeln und daher weder Freiheit noch Unfreiheit.   85
4.11 Der Mensch kann frei handeln, aber langfristig wird sich trotzdem immer die Wirklichkeit durchsetzen, die seiner Stellung auf dem Spiralkreislauf entspricht.   86
4.12 Durch das Karma wird unsere Freiheit eingeschränkt, aber auch unsere Entwicklung beschleunigt.   88

5. Seit dem Anfang der Geschichte entwickelt der Mensch einen inneren Gegenpol. Dieser ist beim Mann weiblich, bei der Frau männlich.   90
5.1 Die Einpoligkeit ist das Mittel, um Wesen vom Licht in die Finsternis zu führen.   90

5.2 Ein Wesen kann nur so viel an Licht aufnehmen, wie es an Finsternis überwunden hat. 93
5.3 Durch die Religionen wird bzw. wurde der innere Gegenpol im Menschen gefördert, zunächst durch die Religionen des tötenden Prinzips. 96
5.4 Durch das sich entwickelnde Gefühl entstand die sich erfüllende Sehnsucht nach humaneren Religionen. 99
5.5 In der Gegenwart ist der Materialismus die neue Religion. Er hat die Weltkrise ausgelöst, von der die weitere Polverwandlung des Menschen gefördert wird. 100
5.6 Der sich gegenwärtig scheinbar abzeichnende Zusammenbruch aller Kultur entsteht durch die immer stärker werdende Entwicklung des inneren Gegenpols. 103

6. Im Laufe der Geschichte nimmt die Gefühlsenergie zu und die Schwereenergie ab. Allmählich erlischt der geistige Instinkt. 106
6.1 Das kosmische Bewusstsein der vergangenen Spirale lebt als geistiger Instinkt weiter, der dem archaischen Menschen ein Einheitsgefühl gibt, von dem er sich getragen fühlt. Dieses Gefühl geht im Laufe der Geschichte immer mehr verloren. 106
6.2 Sich entwickelnde Bewusstseinsstrukturen der Menschheit nach Jean Gebser 107
6.3 Das instinktive Einheitsgefühl – die Automatfunktion aus der vergangenen Spirale – geht immer mehr verloren. Seine Reste lebten im Glauben und der antiken und mittelalterlichen Philosophie weiter. 111
6.4 Seit dem archaischen Menschen hat die Schwereenergie im Menschen ab- und die Gefühlsenergie zugenommen. Die Gegenwartskrise wird vom Erlöschen der geistigen Instinkte bei der immer noch dominierenden Schwereenergie verursacht. 114
6.5 Das Geistesleben der Menschheit wird in den großen Perspektiven von ihrem Makrowesen, der Erde, bestimmt. 117
6.6 Die Erde wird vor der Zerstörung durch den Menschen geschützt. 118

7. **Auf die ‚Götterdämmerung' folgt eine Übergangszeit von etwa dreitausend Jahren, in der immer mehr Menschen kosmisches Bewusstsein erlangen. Danach werden sie sich im wahren Menschenreich materialisieren und dematerialisieren können.** 121
7.1 Es kommt eine ‚Götterdämmerung'. Durch diese müssen alle Wesen hindurchgehen, ehe sie das Reich des Lichtes betreten können. 121
7.2 Durch den Zusammenbruch der Zivilisation wird die Erde ihr harmonisches Gleichgewicht wiederherstellen. 123
7.3 Der Mensch entwickelt ein neues aperspektivisches Bewusstsein. 126
7.4 Im Denken wird man wieder eine Realität empfinden, die aber nicht vom Es-Bewusstsein getragen ist, sondern aus der Schöpfungskraft des Ichs stammt. Die Gefühle wandern von innen nach außen. 127
7.5 Der neue Weltimpuls wird wirksam, wenn das imaginative, vom Gefühl getragene Denken entwickelt ist, das sich dem anderen Menschen und der Welt zuwendet. 129
7.6 Naturwissenschaft und Geisteswissenschaft werden zusammenfinden. Die Technik wird sich noch sehr viel weiter entwickeln. Es werden neue Gemeinschaftsformen entstehen, die von kosmisch bewussten Menschen geleitet werden. 131
7.7 Die Sexualität wird auf eine selbstlose Weise erlebt werden als heute 133
7.8 Bei der Entzündung der Intuition im kosmischen Bewusstsein begegnen sich vom Gehirn ausgehendes intellektualisiertes Gefühl und von den Sexualorganen ausgehende vom Gefühl beherrschte Schwereenergie. 136
7.9 Das kosmische Bewusstsein – eine Beschreibung von Martinus 138
7.10 Wenn die Talentkerne für den Aufbau eines doppelpoligen Organismus voll entwickelt sind, werden die Menschen nicht mehr von Müttern geboren, sondern sich materialisieren und dematerialisieren. 140

8. **Christus hat durch sein Leben und Wirken den Keim des neuen Weltimpulses in die Menschheit gelegt, aus dem der wahre Mensch nach dem Modell Christi erstehen wird.** 142

8.1 Vom Zentrum der Milchstraße gehen geistige Nahrungsimpulse für die Menschheiten, Himmelskörper und Sonnen aus. Christus ist mit dem Impuls verbunden, der Menschheit und Erde zum kosmischen Bewusstsein führt. 142

8.2 Christus wurde durch seine Lehre, sein Handeln, seine Kreuzigung und Auferstehung zum Modell des zukünftigen wahren Menschen. 144

8.3 Die eigentliche Auferstehung ist die Verwandlung des Menschen vom tierischen zum wahren Menschen nach dem Modell Christi. Das ist mit der Wiederkunft Christi gemeint. 146

8.4 Martinus sah sein Werk als die verborgene Lehre Christi. Nachdem er seine Versuche, das in einem eigenen Buch darzustellen, aufgeben musste, nannte er 1978 sein Gesamtwerk *Das Dritte Testament*. 150

Stichwörterverzeichnis 156

Literaturverzeichnis 167

Vorwort

Für Martinus gibt es im Grunde nur ein wahres Sein, das ist das universelle Ich mit seinem Schöpfungsvermögen. Dieses göttliche Sein kann aber nur dadurch zum Bewusstsein seiner selbst kommen, dass es eine vergängliche Welt außerhalb von sich erschafft. Sein Schöpfungsvermögen spaltet sich in unendlich viele Wesen auf, in denen es in scheinbaren Gegensätzen erscheint. Alle diese Wesen durchlaufen in immer neuen Verkörperungen eine sehr lange Entwicklungsspirale (siehe das Symbol Nr.14 *Der kosmische Spiralkreislauf* auf der vorderen Innenseite des Umschlags). Dabei lösen sie sich zuerst aus dem göttlichen Zusammenhang und entwickeln ein Eigensein. Danach vereinen sie dieses Eigensein in höheren Entwicklungsstufen wieder mit dem göttlichen Sein, bis sie fast mit diesem zu einer Einheit verschmelzen, wonach sie diesen Entwicklungsweg auf einer umfassenderen Stufe erneut durchlaufen. So kommt Gott in den Wesen zum Bewusstsein seiner selbst.

Das sind echt hegelianische Gedanken. Hegel hatte offensichtlich eine solche Kraft und Sicherheit des Denkens, dass er aus dem reinen Denken die sich auf die Gottheit und die Wesen beziehenden Gesetzmäßigkeiten herausholen konnte, die mehr als hundert Jahre nach ihm Martinus durch kosmisches Wahrnehmen aufzeigen konnte. Allerdings sah Hegel im Menschen das am höchsten entwickelte Wesen und glaubte, Gott käme bereits im dialektischen Denken des Menschen endgültig zum Bewusstsein seiner selbst.

Davon ist Martinus weit entfernt, weil das dialektische Denken für ihn nur eine Vorstufe des kosmischen Bewusstseins sein kann. Was Hegel intuitiv wusste – das Herausgehen der Gottheit aus sich selbst und die Erschaffung der endlichen Welt, die Dialektik zwischen dem Unendlichen und dem Endlichen, die nur zusammen gedacht werden können, und die Rückkehr des Endlichen in das Unendliche –, konnte er nicht konkret ausführen. So endete sein geniales System als ein Erinnerungsposten in der Philosophiegeschichte.

Die Versprechungen Hegels werden von Martinus eingelöst, der nach sieben Jahren einer einklassigen Dorfschule nie eine weiterführende Schule besucht hatte, von einem Universitätsstudium ganz zu schweigen. Was bei Hegel abstrakter menschlicher Gedanke bleibt, ist bei Martinus konkrete kosmische Wahrnehmung. Seine Geisteswissenschaft beruht nicht auf Denken und Spekulation – wie das System von Hegel –, sondern auf Wissen.

Wie er selbst ausgeführt hat, brauchte er sich nur auf eine Frage zu konzentrieren, um die Antwort zu wissen. Sein Problem war dann nur noch, dieses Wissen so darzustellen, dass es von anderen Menschen verstanden werden kann.

Beweisbar ist das, was Martinus mitgeteilt hat, nicht. Er hält einen Beweis auch gar nicht für möglich. Wie ich noch darstellen werde, sieht er in dem Wissen ebenso wie in der Unwissenheit geschaffene Erscheinungen. Aus seiner Sicht kann das Denken nur relative Wahrheiten beweisen. Trotzdem war aber das, was er dargestellt hat, für Martinus eine innere Gewissheit, der er sich so sicher war wie seines eigenen Ichs.

Martinus bezeichnet sein Wissen als Geisteswissenschaft. Den Rang einer Wissenschaft kann es beanspruchen, weil es in sich schlüssig und logisch zusammenhängend dargestellt ist und an den Phänomenen des Lebens überprüft werden kann. Man kann seine Lehre mit gleichem Recht als Geisteswissenschaft bezeichnen, wie man von der Philosophie als einer Geisteswissenschaft spricht. Da sie auch für naturwissenschaftliche Phänomene Erklärungen liefert, kann man sie auch als Hypothese oder Denkmöglichkeit sehen.

Als Religion will Martinus seine Lehre aber nicht verstanden wissen, weil sich die Religion an den Glauben und nicht an das Denken wendet. Trotzdem hat seine Geisteswissenschaft aber den Charakter einer Offenbarung. Sie ist eine Lehre ‚von oben her', die durch das reine Denken nicht gefunden werden kann. Durch diesen Charakter des ‚von oben her' zieht Martinus auch Leser an, die einen neuen Glauben suchen. Das ist eine unvermeidbare Übergangserscheinung, denn langfristig ist die Zeit des Glaubens vorbei.

Ich habe dieses Buch nicht als wissenschaftliches Buch verfasst und mich bemüht, einfach und anschaulich zu schreiben. Daher habe ich mich bei Quellennachweisen – nicht immer, aber weitgehend – auf wörtliche Zitate beschränkt. Für eine Überprüfung meiner Aussagen am Werk von Martinus liegt mein zweiter Martinusband über sein Werk vor. Anhand des systematischen Stichwörterverzeichnisses wird man leicht die Originalquellen finden können. Wie Martinus ausführt, ist das Perspektivprinzip grundlegend für jede Wahrnehmung. Nur dadurch, dass wir eine bestimmte Perspektive einnehmen, können wir überhaupt wahrnehmen.[1] Das gilt natürlich auch für die geistige Wahrnehmung des Werkes von Martinus, das ich hier nicht „an sich", sondern nur aus meiner Perspektive darstellen kann.

Weil ich versucht habe, jedes Kapitel so zu schreiben, dass es möglichst aus sich selbst verständlich ist, ließen sich Wiederholungen und Vorwegnahmen noch nicht ausgeführter Gedanken nicht vermeiden. Ich habe aber oft auch wiederholt, um die sehr ungewohnten Gedankengänge von Martinus im Leser zu festigen, so dass er innerlich selbstständig mit ihnen umgehen kann.

---

[1] siehe Abschnitt 4.2

1. Wer war Martinus?

1.1 Geboren am untersten Ende der sozialen Schichten

Geistig gesehen war Martinus[2] so etwas wie ein Naturereignis. Als am 22. März 1921 der dreitägige Prozess begann, in dem er zu kosmischem Bewusstsein durchbrach, worauf ich noch genauer eingehen werde, hatte er nach einer siebenjährigen einklassigen Volksschule, in der im Sommer wegen der ländlichen Arbeiten der Unterricht auf einen Wochentag beschränkt war, nie eine weiterführende Schule besucht, nie ein spirituelles Buch gelesen, nie irgendwelche geistigen Übungen gemacht und auch nie einen geistigen Mentor gehabt.

Wie um zu unterstreichen, dass Martinus alles aus eigener Kraft war, wurde er am untersten Ende der sozialen Schichtung geboren. Als er am 11. August 1890 in der Nähe des damaligen Dorfes Sindal in Nordjütland das Licht der Welt erblickte, war er das fünfte uneheliche Kind einer 42-jährigen Dienstmagd[3] und eines 24-jährigen Stallknechts. Nur seine drei Jahre ältere Schwester Auguste hatte den gleichen Vater wie er. Die übrigen drei Geschwister, von denen bei seiner Geburt nur noch eine 17-jährige Halbschwester lebte, die er nie kennengelernt hat, hatten andere Väter.

Seine eigene Kraft machte sich bereits bei seiner Geburt auf ungewöhnliche Weise bemerkbar, denn bei ihr fiel die Wanduhr krachend zu Boden. Damit trat ins Bild, was Martinus ab seinem 30. Lebensjahr in Vorträgen, kolorierten Symbolzeichnungen und Büchern zum Ausdruck brachte: das Ende eines Zeitalters durch seine völlig neue Sichtweise, was man einen Paradigmenwechsel nennen kann.

Martinus sah in seinem kosmischen Bewusstsein kein besonderes Privileg, sondern das Ergebnis einer natürlichen Entwicklung. Aus seiner kosmischen Sicht, die es ihm ermöglichte, sich geistig

---

[2] Martinus ist sein Schriftstellername, unter dem er bekannt geworden ist. Sein voller Name ist Martinus Thomsen.
[3] Seine Mutter wurde später die Haushälterin ihres Dienstherrn, des Gutsbesitzers von Christianshede.

außerhalb von Raum und Zeit zu bewegen, sah er unsere Milchstraße von unzähligen Planeten mit Menschheiten der verschiedensten Entwicklungslinien bevölkert. Die irdische Menschengestalt ist aus seiner Sicht keineswegs einzigartig, sondern eine häufig vorkommende Entwicklungslinie. Er sah viele Planeten mit Menschheiten dieser irdischen Entwicklungslinie, darunter auch solche, deren Bewohner kosmisch bewusst sind. Einmal hat er von sich gesagt, dass er von einem solchen Planeten stamme und seine Entwicklung zum wahren Menschen bereits abgeschlossen hatte, ehe er auf der Erde inkarnierte.

Das bedeutet nicht, dass dieses Leben seine erste irdische Inkarnation war, denn er erklärte im Zusammenhang mit einer Ägyptenreise, dass er aus seiner Vergangenheit her eine besondere Beziehung zu Ägypten habe. Zur Zeit des alten Ägyptens und der darauffolgenden Zeiten sei es aber auf der Erde noch nicht möglich gewesen – wie jetzt –, eine Entwicklung bis zum kosmischen Bewusstsein oder Christusbewusstsein zu durchlaufen. Damals wechselten Menschen, die vor der Entwicklung des Christusbewusstseins standen, zu einem höheren Planeten, auf dem sie ihre Entfaltung fortsetzen konnten.

Die Erde sah Martinus als ein lebendiges Wesen, das sich aber wegen seiner Makrodimensionen langsamer entwickelt als manche seiner menschlichen Mikrowesen. Erst jetzt ist sie in ihrer Entwicklung so weit fortgeschritten, dass auf ihr Menschen inkarnieren können, denen es bestimmt ist, in der nächsten oder einer der darauf folgenden Inkarnationen kosmisch bewusst zu werden.

Was Martinus mit ins Leben brachte, blieb zunächst latent. Ungewöhnlich war sein Mitgefühl mit allen Wesen, das sich bereits als kleines Kind zeigte, wenn er ertrinkende Fliegen aus der Milch fischte oder das Haus fluchtartig verließ, wenn geschlachtet wurde. Denn sein Pflegevater – der Halbbruder seiner Mutter –, ein Straßen- und Forstarbeiter, bewirtschaftete mit seiner Frau eine kleine Häuslerstelle mit 2 Hektar Land, einer Kuh, einigen Schafen, Schweinen und Hühnern.

Ungewöhnlich war auch seine angeborene Gottesbeziehung. Wie er später erklärte, fühlte er bereits in seiner Kindheit immer

Gottes Gegenwart und empfand den Wunsch, zu ihm zu beten. Er konnte sich an keinen Tag erinnern, an dem er das nicht mehrmals getan hatte. Vor einer Entscheidung über sein Handeln richtete er sich immer – „geformt als Frage, was er in der betreffenden Situation machen würde – direkt an Christus".[4] Das ist vor dem Hintergrund zu sehen, dass er in einer Familie aufwuchs, von der er keinerlei Anregungen dieser Art erhielt.

Wie ich in meinem ersten Martinusband anhand eines Aquarells gezeigt habe, hatte er eine ungewöhnliche zeichnerische und malerische Begabung und war auch musikalisch begabt, was er aber beides nicht ausbildete. In seiner Kindheit und Jugend zeigte sich auch mehrfach ein spontan auftretendes übersinnliches Wahrnehmen, was zur damaligen Zeit noch etwas sehr Ungewöhnliches war.

Trotz dieser vorliegenden Begabungen verlief das Leben von Martinus bis zu seinem Bewusstseinswandel völlig unscheinbar. Nach der Schulzeit begann er eine Ausbildung als Schmied, musste diese aber abbrechen, da er ihr im Alter von 14 Jahren körperlich noch nicht gewachsen war, denn als Kind war er klein und zart. Erst später entwickelte er eine kräftige Statur und eine in der damaligen Zeit etwas über dem Durchschnitt liegende Größe (1,74 m).

Auf den Versuch einer Schmiedelehre folgten fast drei Jahre als Landarbeiter bis er im Januar 1908 eine 11-jährige Tätigkeit als Molkereiarbeiter begann, die von 8 Monaten Wehrpflicht unterbrochen wurde, die er bei der Marine verbrachte. Danach war er als Wachmann und Briefträger beschäftigt.

1.2 Ein unbekannter Molkereiangestellter, der die Schranken von Raum und Zeit durchbricht

Im März 1921 – bei seiner geistigen Feuertaufe, wie er seine Einweihung auch nannte – finden wir ihn wieder in einer Molkerei tätig, aber jetzt als Angestellten der Kopenhagener Meierei Enigheden.

---

[4] IC, S. 11

1. Wer war Martinus? 7

Ein Kollege erzählt ihm im Gespräch von einem Buch über Reinkarnation. Martinus hat noch nie davon gehört, ist aber sofort fasziniert und bittet, ihm das Buch zu leihen. Das ist aber nicht möglich, weil der Kollege das Buch selbst von einem Musiker geliehen hat. Diesem, Lars Nibelvang, erzählt der Kollege von dem Wunsch von Martinus. Lars Nibelvang lädt Martinus ein, ihn zu besuchen.

Nach dem Besuch gibt Nibelvang ihm ein Buch mit. Als Martinus in diesem die Beschreibung einer Meditation liest, beschließt er, es auszuprobieren. In einer Abendstunde setzt er sich in einen Korbstuhl, verdunkelt die Fenster und bindet sich eine schwarze Binde um die Augen. Der Ort ist sein gemietetes Zimmer in einem Haus an einer belebten Straße Kopenhagens, an der unten die Straßenbahn vorbeirasselt. Was sich dann ereignet, ist ein Christuserlebnis wie es Paulus vor Damaskus geschah. Dazu lesen wir bei Martinus:

Wie oben gesagt, hatte ich mich mit einer Binde vor den Augen in dem verdunkelten Zimmer bequem zurechtgesetzt. Ich saß nicht sehr lange, bevor sich eine grauweiße Figur zeigte, die die bekannte, nach einer Originalfigur des dänischen Künstlers Bertel Thorvaldsen geschaffene Christusfigur vorstellte. Sie schien in einem Abstand von ca. 7 m vor mir zu sein. Es war eine kleine Figur von etwa einem halben Meter Höhe. Sie war sehr deutlich und schön. Aber sie war nur einen kurzen Augenblick sichtbar, dann verschwand sie, und das Zimmer lag wieder in der Dunkelheit. Ich wurde mir später darüber klar, dass die kleine Gipsfigur für mich gleichsam die Identität des göttlichen Wesens symbolisieren sollte, das ich in der folgenden leuchtenden Vision erleben sollte – nicht als eine tote oder leblose Materialisation, sondern als ein überirdisches lebendes Wesen.

Jetzt erschien plötzlich aus der Finsternis eine blendende, überirdische, in dem weißesten weißen Licht strahlende Gestalt. Jetzt war es nicht mehr Thorwaldsens Gipsfigur, sondern ein lebender Christus in normaler menschlicher Größe. Die Gestalt kam ganz langsam auf mich zu mit wie für eine Umarmung geöffneten Armen. Die ungeheuere Strahlengewalt, die von der Gestalt und der Kleidung ausging, bildete sich wie aus tausend und abertausend glänzender Mikrosonnen, von denen jede kleiner als die Köpfe der kleinsten gängigen Stecknadeln war. Sie sandten ein blendendes, Wohlgefühl hervorrufendes, weißes Licht aus, das die Gestalt des überirdischen Christus durch die leuchtend blauen Schatten markierte, die sich auf eine merkwürdige Weise bildeten. Ich starrte ganz gebannt auf dieses göttliche Wunder von einer höheren Welt. Aber nun verschwand die Gestalt wieder, und ich befand mich wieder einen Augenblick in der Dunkelheit. Aber da kam die überirdische Gestalt, der leuchtende Christus, wieder aus der Finsternis hervor. Sie kam mir jetzt im Verhältnis zur normalen erdenmenschlichen Körpergröße wie von überdimensionaler Größe vor. Ich war wie gelähmt und konnte nur unbeweglich auf die leuchtende Gestalt blicken, die vor mir war und sich wie in meinen Organismus hinein bewegte, also in mein eigenes Inneres. Hier hielt sie und blieb stehen. – Aber jetzt ging von dieser göttlichen Gestalt in meinem Inneren ein ungeheurer Lichtstrahl aus. In diesem konnte ich hinaus auf die Welt sehen. Es war als ob ich außerhalb der Erde war. Ich sah Schiffe auf dem Meer fahren. Ich sah Kontinente mit Städten und Dörfern an mir vorbeigleiten, kurz gesagt, ich sah das starke Licht der Christusgestalt aus meinem Innern hinaus über die Welt leuchten und funkeln. Und damit schloss die überirdische göttliche Vision. Ich war wieder alleine zurück in der Dunkelheit. Aber das weiße Licht der Christusgestalt blieb in meinem Innern zurück und funkelt seitdem mit zunehmender Stärke in meinem Inneren.

Diese oben beschriebene, stark leuchtende Christusvision erlebte ich mit absolut wachem kosmischem Tagesbewusstsein und nicht in irgendeiner Art von Träumen oder Halluzinationen. Das war eine deutliche Äußerung einer Mission, die ich ausführen sollte. Aber richtig ist, dass ich damit nicht gleich erfassen oder mir bewusst werden konnte, wie ich als ein scheinbar unwissender Mensch eine geistige oder kosmische Aufgabe von so erhabener Größe lösen sollte. Aber ich sollte nicht lange in dieser Unwissenheit bleiben. Schon am nächsten Vormittag fühlte ich, dass ich wieder in der Dunkelheit meditieren sollte, wie ich es vorher getan hatte.

1. Wer war Martinus?

Ich saß wieder in meinem Korbstuhl, der noch mit der einen oder anderen stark wirkenden geistigen Kraft aufgeladen zu sein schien. Ich hatte also die Binde vor meinen Augen und befand mich in tiefer Dunkelheit, aber in einem absolut wachen, tagesbewussten Zustand. Plötzlich war es, als ob ich in einen dunklen Himmel sah. Aber jetzt ging ein schwarzer Schatten über diesen Himmel, der danach heller wurde. Ein solcher Schattendurchgang vollzog sich mehrere Male. Und mit jedem Mal, da er durchgegangen war, wurde dieser Himmel zu einem stärkeren und stärkeren Licht, um zuletzt zu einem blendenden Lichtozean von der reinsten Farbe des Goldes zu werden, der alles andere existierende Licht überstrahlte. Er bildete sich wie tausende vibrierender goldener Fäden, die den Raum völlig erfüllten. Ich befand mich also alleine mitten in dieser göttlichen, lebenden, goldenen Lichtflut, ohne aber in irgendeiner besonderen materialisierten Form sichtbar zu sein. Ich hatte keinen Organismus wie auch alles andere an geschaffenen Dingen um mich, mein Zimmer, meine Möbel, ja kurz gesagt, die ganze materielle Welt verschwunden oder völlig außerhalb der Reichweite der Sinne war. Das blendende goldene Licht mit seinen vibrierenden goldenen Fäden hatte alles in sich aufgenommen, was sonst der Wahrnehmung oder dem Lebenserleben zugänglich ist. Aber nichtsdestoweniger war ich tagesbewusst genug dafür, dass mir durch das starke goldene Licht eingeimpft wurde oder dass ich erlebte, dass ich in dieser Goldglorie in der Heimat meines ewigen Ichs war, hier eine lebende Existenz außerhalb des Ganzen hatte, außerhalb von allem, was sonst als geschaffene Erscheinungen sichtbar ist. Ich war außerhalb von Zeit und Raum; ich war eins mit der Unendlichkeit und Ewigkeit. Ich war in dem Element meines unsterblichen Ichs, das zusammen mit den unsterblichen Ichen aller anderen lebenden Wesen eins mit dem Ich des Weltalls oder dem ewigen Ursprung ist. Ich war hier eins mit dem durch alle Zeiten, durch alle Weltkulturen, durch alle Weltreligionen, durch alle Rassen und Völker sowohl bewusst als auch unbewusst gesuchten, verehrten und angebeteten einzigen, ewigen, allwissenden, allmächtigen und allliebenden Gott des Weltalls.

Die Vision war vorbei. Sie hatte nur wenige Sekunden oder vielleicht nur Bruchteile von Sekunden gedauert, wenn in dieser Situation überhaupt von Zeit und Raum die Rede sein kann. Ich war wieder zurück in meinem physischen Zustand. Während meines Aufenthaltes in dem goldenen Licht war eine überwältigende Verwandlung meiner Mentalität geschehen. Es zeigte sich, dass diese Vision des alles erfüllenden goldenen Lichtes absolut kein Traumgesicht oder eine Halluzination war, sondern ein wirklich waches, tagesbewusstes kosmisches Erlebnis. Es hinterließ mich in einem neuen Bewusstseinszustand, der mich in den Stand versetzte, meine kosmischen Analysen und Symbole über ‚Das ewige Weltall' oder ‚Die Lösung des Lebensmysteriums' zu schaffen. Ich wurde durch das Erlebnis des blendenden goldenen Lichtes gleichsam aus der jetzigen kosmischen Blindheit oder Unwissenheit der irdischen Menschheit zu einer der höheren kosmischen oder geistigen Sphären des Lebens erhoben, was in mir einen ganz neuen Bewusstseinszustand auslöste. Das entdeckte ich nicht sofort. Das goldene Licht hatte auf eine ‚immaterielle' oder ‚unsinnliche' Weise meinem wachen Tagesbewusstsein das Erlebnis der ewigen Existenz meines Ichs unerschütterlich eingeprägt. Ich wollte mir daher ein geliehenes Buch nehmen, um zu sehen, ob in dem etwas von einem Lichterlebnis stand, wie ich es erlebt hatte. Aber es zeigte sich jetzt, dass sich eine unsichtbare Hand vor meine Stirn legte und mich zurückhielt. Ich fühlte, dass ich das Buch nicht nehmen sollte und dass ich gar nicht mehr zu lesen brauchte. Mit meinen kosmischen Visionen deckte ich jetzt plötzlich mit Leichtigkeit die intuitive Kraft meines eigenen Denkens auf. Ich entdeckte jetzt, dass es nicht bloß Gottes Absicht war, mir die Enthüllung des göttlichen Lichterlebnisses zu offenbaren. Ich verstand jetzt, warum der lebende Christus in der Vision in mich einging und sein starkes überirdisches Licht aus meinem Inneren hinaus in die Welt scheinen oder leuchten ließ und mich das als Christi Geist erleben ließ, das eins mit Gottes Geist ist. – Und was bedeutete das goldene Licht? Das hatte ein ‚kosmisches Bewusstsein' und die damit verbundene Autorität in mir aufgeschlossen, die notwendig ist, damit ich die göttliche Mission er-

1. Wer war Martinus? 11

füllen könne, die die Christusvision meinem Bewusstsein eingab, und bestätigte, dass ich zu dem, was ich ausführen sollte, berufen oder eingeweiht war.
Meine hier beschriebenen kosmischen Visionen wären niemals beschrieben worden, wenn sie nicht ein göttlicher Prozess gewesen wären, der in meiner Mentalität oder Psyche eine neue Sinnesstruktur öffnete, die mir permanentes kosmisches Tagesbewusstsein gab.[5]

1.3 Zum weiteren Leben von Martinus

In den folgenden Jahren ist Martinus damit beschäftigt, sein kosmisches Wissen zu formulieren. Seine Stellung bei der Meierei Enigheden gibt er auf. Zu Lars Nibelvang entsteht eine intensive Freundschaft, die so weit geht, dass Nibelvang sieben Jahre sein Einkommen mit ihm teilt, damit dieser Zeit hat, das *Livets Bog* (Buch des Lebens) zu schreiben und Symbole zu zeichnen, die er in einem kleinen Freundeskreis zur Erläuterung seines kosmischen Wissens benutzt.

Erst nach sieben Jahren, 1928, ist Martinus so weit, dass er in der Öffentlichkeit zu wirken beginnt. Zwei Jahre später gibt er den ersten Band des *Livets Bog* heraus. Im Laufe der nächsten Jahrzehnte erscheinen weitere sechs Bände des siebenbändigen Werkes mit insgesamt 2.927 Seiten. Außerdem erscheinen vier Bände des Werkes *Das Ewige Weltbild,* in denen Martinus 44 Symbole erläutert, die Bücher *Logik* und *Beisetzung* sowie 30 kleinere Schriften.[6]

1933 gibt Martinus eine eigene kleine Zeitschrift *Kosmos* heraus, die bis heute erscheint. 1934 erwirbt er mit seinen Freunden ein Stück Land in der Nähe des Dorfes Klint an der Nordküste Seelands. Das Areal kann immer mehr erweitert werden. Heute befinden sich dort Unterbringungsmöglichkeiten für über 200 Gäste, ein

---
[5] IC, S. 16-20
[6] Nach seinem Tode erscheinen noch seine Erinnerungen (nach Tonbandaufzeichnungen) und das Buch *Intellektualisiertes Christentum*, eine Zusammenstellung aus hinterlassenen Schriften.

großes Terrassencafe und ein Vortragssaal mit 220 Plätzen und Simultanübersetzungsanlage, wo regelmäßig Tagungen der nationalen und internationalen Martinusbewegung stattfinden, darunter eine sechswöchige Sommertagung mit zwei internationalen Wochen.

1942 kann ein größeres Anwesen im Stadtteil Frederiksberg von Kopenhagen erworben werden. Dort befindet sich heute das Martinus-Institut mit einem größeren Vortragssaal, Verwaltungs- und Technikräumen und der früheren Wohnung von Martinus, die heute als Museum eingerichtet ist. Im Martinus-Institut, einer gemeinnützigen Einrichtung, befindet sich der Nachlass von Martinus. Das Martinus-Institut hat auch die Urheberrechte am Werk von Martinus.

Um Martinus bildet sich ein großer Freundeskreis, der das Werk finanziell trägt. Ein Verein oder eine Gesellschaft wird von Martinus nicht gegründet, weil er der Überzeugung ist, dass eine solche Gründung nur zu unnötigen Machtkämpfen und dogmatischen Fixierungen führt.

Sein Wirkensbereich ist Dänemark und Schweden. Sechsmal wird er nach Island eingeladen, wo er sehr gefeiert wird – im Gegensatz zu Dänemark, wo er in der Öffentlichkeit weitgehend unbekannt bleibt.

1954 wird er nach Japan eingeladen. Auf der Rückreise besucht er Indien, wo er sich sechs Wochen aufhält und Vorträge im Rahmen der Theosophischen Gesellschaft hält, die von einer in Indien lebenden Dänin gedolmetscht werden. In den späteren Jahren macht er Reisen nach Ägypten und Israel und nach England.

Nach einem Oberschenkelhalsbruch stirbt Martinus am 8. März 1981 im Alter von 90 Jahren in einem Krankenhaus von Kopenhagen. Er ist bis zum Schluss bei klarem Bewusstsein.

2. Ein Überbewusstsein steuert die Entwicklung aller Wesen und des Alls

2.1 Es gibt keine unabhängig vom Bewusstsein bestehende Welt.

Die Welt wird von fast allen Menschen so vorgestellt, als ob sie unabhängig von unserem Bewusstsein bestehen könnte. Dadurch entstehen dann Fragen wie: Wo kommt die Welt her? Wer hat sie geschaffen? Ist sie unendlich oder hat sie eine Grenze? Woraus besteht sie? Wie entwickelt sie sich weiter? usw.

Diese Fragen stellen sich ganz anders, wenn man die Perspektive von Martinus einnimmt, aus dessen Aussagen sich ergibt: Die Welt besteht nicht ‚an sich', unabhängig vom Wahrnehmenden, sondern sie wird von dem Wesen geschaffen, das sie wahrnimmt.

Dieser Gedanke ist nicht neu, weil er ja der unmittelbaren Wahrnehmung entspricht. Noch nie hat ein Mensch die Welt ohne sein Bewusstsein wahrnehmen können. Noch nie hat jemand Bilder gesehen, Töne gehört, Gerüche gerochen, Gefühle gefühlt, Gedanken gedacht, ohne die Bilder, Töne, Gerüche, Gefühle und Gedanken selber hervorgebracht zu haben. Das ist vielleicht das Wichtigste, was Martinus feststellt: Die Schöpferquelle unserer Welt liegt in uns selbst, nicht irgendwo außerhalb.

Denkt man so, dann stellen sich ganz andere Fragen wie: Woher habe ich die Fähigkeiten, die ganze mich umgebende Welt aus meinem Bewusstsein zu erschaffen? Wie kann es sein, dass alle Menschen die gleiche Welt wahrnehmen, wenn die Welt von jedem selbst hervorgebracht wird? Wie kann es sein, dass die Welt weiter besteht, wenn ich sie nicht mehr wahrnehme? Denn daran, dass sie weiter besteht, wird kein vernünftiger Mensch zweifeln können.

Martinus gibt neue Antworten auf diese Fragen, die uns sicher in einer anderen Perspektive verankern können. Wenn wir die Antworten von Martinus verinnerlicht haben, leben wir zwar noch in der gleichen Welt wie vorher, aber wir erleben, erfühlen und denken sie anders, und dadurch befinden wir uns real in einer anderen Welt.

2.2 Die Mitte des Alls ist ein universelles Ich. Es ist das scheinbare Nichts, die Leere, in der potenziell alles enthalten ist.

Martinus war von Kindheit an zutiefst von der Realität Gottes überzeugt. Sein späteres Gottesbild beruht aber auf den Erfahrungen seines kosmischen Bewusstseins. Diese Erfahrungen berühren sich mit den Erfahrungen vieler Mystiker und einer in Europa seit der Antike überlieferten philosophischen Denkrichtung. Es gibt auch viele Berührungspunkte mit dem Buddhismus und dem Hinduismus[7]. Martinus geht aber weit über diese mystischen, philosophischen und religiösen Überlieferungen hinaus, was ich in dieser Schrift darzustellen versuche.

Bei seiner Einweihung erlebte Martinus die große Leere, das scheinbare Nichts, ein *Etwas* außerhalb von Raum und Zeit, das sich seiner selbst bewusst ist als das Ich des Universums. In diesem scheinbaren Nichts sieht Martinus zugleich den Urgrund seines eigenen Ichs, so dass das göttliche Ich und das menschliche Ich in eins zusammenfallen.

Diese Erfahrung deckt sich weitgehend mit der Erfahrung vieler Mystiker wie z. B. Meister Eckhart.[8] Martinus sieht aber in dieser Leere, in diesem scheinbaren Nichts, nicht – wie Meister Eckhart – Gott selbst, sondern er sieht in ihr das universelle Ich oder das Ich Gottes, das zugleich das Ich jedes Wesens ist.

Er erklärt, dass dieses universelle Ich, dessen er sich bewusst geworden war, nur dadurch von sich weiß, dass es die Welt hervorbringt. Für sich alleine betrachtet ist es die Leere. Es ist aber kein Nichts, sondern es erscheint nur wie ein Nichts, weil es unmanifestiert ist. Dieses Nichts enthält alles, was überhaupt denkbar ist. Es enthält es aber potenziell, das heißt unmanifestiert. Weil es potenziell alle Gegensätze enthält wie Licht und Finsternis, das Größte wie das Kleinste, Gut und Böse usw., kann man nichts über es aussagen, weil das Gegenteil genauso wahr ist wie das gerade Gesagte. Das Einzige, was man sagen kann, ist, dass dieses Ich

---

[7] z. B. die Lehre von der Wiederverkörperung und dem Karma, die Leere (das Nirwana), das Urbegehren, das ewige Sein des Universums
[8] 1260-1328

ist oder besteht. Martinus nennt es darum auch X1 oder das *namenlose Etwas*.

In der Formulierung des *namenlosen Etwas* gibt es Berührungspunkte mit der sogenannten negativen Theologie, die bereits der neuplatonische Philosoph Plotin[9] vertritt, der von Gott als dem Gestaltlosen und dem Nichts spricht und sagt, dass es von Gott *keinen Namen* gibt, dass er *unsagbar* ist. Auch bei Hegel findet sich dieser Gedanke, wenn er schreibt: „Das Absolute selbst erscheint nur als die Negation aller Prädikate und als das Leere", aber es muss „ebenso sehr als die Position aller Prädikate ausgesprochen werden."[10]

Für Martinus ist aber das universelle Ich nicht identisch mit Gott, sondern es ist nur ein Aspekt Gottes. Zu Gott gehören auch noch sein Schöpfungsvermögen und das Erschaffene, das ist das Universum, das Martinus als den Leib Gottes bezeichnet.

Obwohl das Ich nur ein Aspekt Gottes ist, ist es doch der Angelpunkt, aus dem die Welt hervorgeht. Denn ohne das Ich könnte auch sein Schöpfungsvermögen nicht sein, und damit könnte ohne es die ganze Welt nicht sein.

Gegenüber der Erfahrung des universellen Ichs ergibt sich die Frage: Wie kann sich ein Mensch des universellen Ichs bewusst werden, wenn dieses außerhalb aller Wahrnehmungsmöglichkeiten liegt?

Um etwas wahrnehmen zu können, benötigen wir einen Kontrast. Wir können z. B. die Dunkelheit nur durch den Kontrast des Lichtes wahrnehmen. Ein blind Geborener weiß nichts von der Dunkelheit, in der er lebt. Genauso wenig weiß ein Tauber von der Stille. Um sich der Stille bewusst werden zu können, müsste er erst einmal Geräusche gehört haben.

Nun gibt es aber einen allerersten Grundkontrast, der allen Kontrasten vorausgeht. Dieser Kontrast wird nicht wahrgenommen, weil die Aufmerksamkeit immer auf den Kontrasten innerhalb der Wahrnehmungswelt ruht. Es ist der Kontrast zwischen dem zeit-

---

[9] 205 - 270 n. Chr.
[10] Weischedel, Band 1, S. 292

und raumlosen Bewusstseinsmittelpunkt – dem universellen Ich – und der zeitlichen und begrenzten Wahrnehmungswelt.

Wie man sich an dem Licht der Dunkelheit bewusst wird oder an dem Lärm der Stille, so wird sich ein kosmisch erwachter Mensch an der Fülle der Erscheinungswelt der Leere des universellen Ichs bewusst, an der zeitlichen Struktur alles Erscheinenden der Ewigkeit, an der Begrenztheit aller Erscheinungen des Unendlichen.

Martinus führt aber aus, dass es keineswegs möglich ist, sich unmittelbar auf das universelle Ich zu konzentrieren, um es direkt wahrzunehmen. Das Ewige und Unendliche kann nicht direkt erfahren werden, weil in ihm alle Erfahrungen aufgehoben werden. In den Bereich der Erfahrung kann das universelle Ich nur dadurch eintreten, dass es zugleich mit seinem Kontrast, dem endlichen und begrenzten Dasein wahrgenommen wird.

An diesem Punkt sind die deutschen idealistischen Philosophen Fichte und Schelling nach der Auffassung Weischedels gescheitert, als sie den Versuch unternahmen, das Göttliche direkt im Ich nachzuweisen.[11]

Hegel vertritt dagegen in seiner streng begrifflichen Sprache eine ähnliche Position wie Martinus. Es kommt ihm darauf an, die endliche Wirklichkeit[12] unter dem Aspekt des Absoluten[13] zu sehen. Diese Zusammenschau des Endlichen und des Absoluten beschreibt er so:

Denn jedes Sein, das der Verstand produziert, ist ein Bestimmtes, und das Bestimmte hat ein Unbestimmtes vor sich und hinter sich; und die Mannigfaltigkeit des Seins liegt zwischen zwei Nächten, haltungslos, sie ruht auf dem Nichts: denn das Unbestimmte ist Nichts für den Verstand, und endet im Nichts.[14]

---

[11] siehe Weischedel, Band 1, Seite 245 und 273-277
[12] Die endliche Wirklichkeit ist bei Martinus X3
[13] bei Martinus X1
[14] Weischedel, Band 1, Seite 329

2.3 Durch die Aufspaltung der Schöpferkraft des universellen Ichs entstehen die unzählbaren Myriaden von Wesen.

Die Gottheit von Martinus befindet sich in ihren drei Aspekten – dem Ich, dem Schöpfungsvermögen und dem Geschaffenen – nirgendwo außerhalb der Schöpfung. Zwar ist das universelle Ich unerschaffen, gestaltlos, unwahrnehmbar und unsagbar, aber dieses Ich ist doch mitten in der Schöpfung, denn es ist ja auch das Innerste jedes Wesens, ob das Wesen von ihm weiß oder nicht.

Bei dem Schöpfungsvermögen des universellen Ichs geht Martinus einen entscheidenden Schritt über die überlieferten Gottesvorstellungen hinaus, denn er erklärt, dass sich das Schöpfungsvermögen auf die unzählbaren Wesen des Alls aufgespaltet hat, die sich durch immer neue Wiederverkörperungen weiterentwickeln. Damit hat er die Möglichkeit, die Widersprüche des Alls zu erklären und zu zeigen, wie aus dem unbegrenzten universellen Ich die auf Raum und Zeit begrenzten Schöpfungen hervorgehen können:

Das universelle Ich enthält potenziell jede denkbare Schöpfung. Um etwas zu erschaffen, muss es sein unendliches Potenzial aber begrenzen. Es kann seine Unbegrenztheit nicht am selben Punkt gleichzeitig entfalten, denn dann würde sein unendliches Potenzial gar nicht in Erscheinung treten können, weil dann nämlich alle Gegensätze zugleich auftreten und sich damit aufheben würden.

Das Licht kann nur dadurch erscheinen, dass es sich von der Dunkelheit abhebt. Wenn – bildlich und vereinfacht gesprochen – Gott das Licht erschaffen will, dann muss er an einem anderen Raumpunkt die Finsternis ebenfalls erschaffen, weil sonst das Licht nicht in Erscheinung treten könnte. Er muss also sein Schöpfungsvermögen aufspalten: Auf der einen Seite erschafft er das Licht und auf der anderen Seite die Finsternis, die in ihm eins sind, in der Erscheinungswelt einander aber unversöhnlich gegenübertreten, denn das Licht schließt die Finsternis aus und die Finsternis das Licht.

Jetzt geht Gott – weiterhin bildlich gesprochen – einen Schritt weiter und erschafft eine Farbe, indem er Licht und Finsternis einander überlagern lässt. Nehmen wir an, er erschafft die Farbe gelb.

Auch diese Schöpfung verlangt sofort nach dem Gegensatz, der an einer anderen Stelle gleichzeitig entsteht. Die Gegenfarbe von gelb ist violett, wovon man sich leicht überzeugen kann. Man muss nur längere Zeit auf ein leuchtendes Gelb blicken und dann den Blick – ohne irgendetwas zu fixieren – auf einem weißen oder schwarzen Hintergrund ruhen lassen. Dann wird sich vor diesem Hintergrund der vorher geschaute gelbe Gegenstand in der Gegenfarbe violett abbilden. Wenn Gott also die gelbe Farbe erschafft, muss er gleichzeitig die violette Farbe hervorbringen.

Diese Beispiele zeigen, dass das Schöpfungsvermögen nur erschaffen kann, wenn es Gegensätze hervorbringt. Dazu muss es sich aufspalten und an verschiedenen Orten die Gegensätze erschaffen. Es kann also kein universelles Schöpfungsvermögen oder keine universelle Schöpfungskraft geben.

Nun geht mit der Aufspaltung der Schöpfungskraft aber die Einheit des universellen Ichs nicht verloren, denn dieses bleibt mit den verschiedenen Schöpfungskräften verbunden. Sie sind ja ein Teil von ihm, sind aus ihm hervorgegangen, sind eins mit ihm. Weil die individuellen Schöpferkräfte mit dem universellen Ich verbunden bleiben, treten sie als individuelle Wesen auf. Das bedeutet, dass sich das Schöpfungsvermögen des universellen Ichs in die Myriaden Wesen des Alls aufteilt.

Damit sind wir auf etwas Dreifaches gestoßen: das universelle Ich, die individuellen Schöpfungskräfte der Wesen und das von ihnen Erschaffene. Diese Dreiheit ist erst das, was Martinus die Gottheit oder Gott nennt. Er bezeichnet seine drei Aspekte mit mathematischen Kürzeln: das universelle Ich nennt er X1, die individuellen Schöpfungskräfte der Wesen X2 und das Erschaffene X3. Aus dieser Dreiheit besteht das Wesen Gottes und jedes einzelne Wesen des Alls.

Aus dieser Dreiheit besteht aber nicht nur das Wesen Gottes, sondern jedes Wesen besteht ebenfalls aus dem universellen Ich, aus seinem individuellen Schöpfungsvermögen oder seiner individuellen Schöpfungskraft und dem von ihm Erschaffenen. Das von jedem Wesen Erschaffene besteht wiederum aus seinem Körper und seinen Wahrnehmungen, Gefühlen, Gedanken, Erinnerungen, Willensimpulsen, Handlungen usw. Durch seine Handlungen kann das Wesen auch Gegenstände umschaffen, indem es z. B. Geräte oder Maschinen herstellt. Die Wahrnehmungen, Gefühle, Gedanken, Erinnerungen, Willensimpulse, Handlungen usw. fasst Martinus unter dem Begriff *Lebenserleben* zusammen. Die Einzelwesen unterscheiden sich dadurch von Gott, dass sie jeweils nur einen besonderen Aspekt der Schöpferkräfte Gottes und nur einen besonderen Bereich der erschaffenen Welt repräsentieren, obwohl sie in ihrem Ich mit Gott identisch sind.

Außer diesen Wesen – ihren Körpern und ihrem Erleben – gibt es nichts im Universum.

2.4 Die Wesen werden von dem Urbegehren getrieben, in ihren Schöpfungen die Fülle des universellen Ichs zu offenbaren.

Die Schöpfung ist bei Martinus ein fortwährendes Geschehen. Die Welt besteht dadurch, dass sie jetzt – in diesem Moment – von ihren zahllosen Wesen hervorgebracht wird, von den fernen Milchstraßenwesen bis zu den Mikrowesen unserer Zellen. Würden sie ihre Tätigkeit einstellen, wäre die gesamte Welt verschwunden. Was aber ist es, das den Wesen den Antrieb zum fortwährenden Erschaffen und Erleben gibt? Die Antwort von Martinus lautet: Es ist das Urbegehren. Und wie kommt es zu dem Urbegehren? Es ist ewig entstehend, weil jedes Wesen immer nur einen Teilaspekt des in ihm liegenden Potenzials entfalten kann.[15]

Für das universelle Ich bleibt seine Ganzheit in der Schöpfung erhalten, denn es offenbart gleichzeitig Licht und Finsternis, Gut und Böse usw. Insgesamt heben sich auch in der Schöpfung die Gegensätze wieder auf, wie sie sich auch im universellen Ich, in dem sie potenziell enthalten sind, aufheben. Weil sich auch in der Schöpfung die Gegensätze aufheben, hat Martinus auch für die Gesamtheit des Erschaffenen eine X-Bezeichnung gewählt, näm-

---

[15] Wilhelm Weischedel schreibt zur Philosophie von Hegel: *Das Entscheidende dabei ist, dass Hegel die Frage nicht beantworten kann, wie es denn vom Absoluten (X1-UT) her und im Absoluten zu jener Bewegung kommen kann, die dieses dazu bringt, sich als Wirklichkeit zu entäußern* (Der Gott der Philosophen, Band 1, S. 419). Diese Frage wird also von Martinus beantwortet.

lich X3, mit der er dann auch – wie bereits oben gesagt – das von jedem Wesen Erschaffene bezeichnet. Denn auch über X3 als Ganzes kann man nichts aussagen, weil man jede Aussage durch eine Gegenaussage aufheben müsste.

Anders sieht es für das sich aus einer ewigen Einheit herausbildende einzelne Wesen aus. Seine Ganzheit – die es ja ist, da es ja eins mit dem universellen Ich bleibt – kann es in seiner Schöpfung nicht offenbaren, denn es kann nur Einseitigkeiten erschaffen. Es kann nicht Licht und Finsternis zugleich erschaffen, sondern entweder erschafft es das Licht oder es erschafft die Finsternis.

Dadurch entsteht in den Wesen ein Begehren. Es ist das Begehren, ihre einseitige Schöpfung zu vervollständigen und in immer neuen Verkörperungen die Fülle ihres universellen Ichs zu offenbaren. Dieses Begehren ist die ewige Urkraft, aus der alles Dasein entspringt. Es ist, wie Martinus sich ausdrückt, *der letzte Schleier zwischen dem Forscher und dem Ursprung des Lebens, wenn er von außen aus der Materie kommend nach innen zur Erklärung des Lebens vordringen will, und der erste Schleier, wenn er vom Innern dieses Ursprungs aus nach außen zur Materie dringt. Das Urbegehren ist sein eigenes innerstes Wesen.*[16]

Das Urbegehren ist so ewig wie das Wesen selbst, denn was das Wesen auch erschaffen mag, es bleibt immer eine Einseitigkeit, die nach einer Ergänzung verlangt. Die Schöpfung der Wesen entspringt aus dem Urbegehren.

In dem Urbegehren als der Wurzel des Daseins scheint mir eine tiefe Verwandtschaft der Geisteswissenschaft von Martinus mit dem Buddhismus zu liegen. Diese Verwandtschaft zeigt sich auch in anderen Bereichen: Wie Buddha sieht auch Martinus in dem Individuum eine ‚erschaffene' Erscheinung, worauf ich noch eingehen werde. Höchst verblüffend dürfte für die meisten Leser sein, dass Martinus selbst in Gott (X1+X2+X3) – den er doch so sehr liebt – nur eine erschaffene Erscheinung sieht, denn Gott hat sein Bewusstsein nur durch die Wesen, die ihn erkennen.[17] Auch das

---
[16] LB2, Ziffer 530
[17] siehe Abschnitt 2.8

scheint mir eine buddhistische Vorstellung zu sein. Das Eigentliche liegt eben für Martinus nie in der erschaffenen Erscheinung, auch bei Gott nicht, sondern in dem Kontrast zu dem Erschaffenen, der erst durch das Erschaffene wahrnehmbar wird.

Und dann ist es insbesondere die Lehre von Reinkarnation und Karma, die Martinus mit dem Buddhismus verbindet. In allen diesen Punkten trifft sich seine Geisteswissenschaft auch mit dem Hinduismus, aus dem ja der Buddhismus entsprungen ist. Über den Buddhismus und Hinduismus hinaus geht Martinus meines Wissens in dem, was ich in den folgenden Abschnitten und Kapiteln darstellen werde.

2.5 Universelles Ich, Urbegehren und individuelle Schöpferkraft bilden ein Überbewusstsein jedes Wesens.

Die Schöpferkraft jedes Wesens sieht Martinus aus der Schöpferkraft Gottes hervorgehen. Es kann ja nicht die erschaffene Pflanze, das erschaffene Tier oder der erschaffene Mensch sein, in dem die Schöpferkraft wurzelt, sondern es ist das ewige Sein der Wesen, aus dem ihre Schöpferkraft entspringt.

Dieses ewige Sein besteht aus dem universellen Ich, dem Urbegehren und der individuellen Schöpferkraft und wird von Martinus als das *Überbewusstsein* jedes Wesens bezeichnet. Dieses Überbewusstsein gehört nicht zur erschaffenen Welt, denn aus ihm geht die erschaffene Welt erst hervor. Was und wo ist es dann?

In den esoterischen Lehren wird meistens zwischen der physischen, der astralischen oder seelischen und der geistigen Welt unterschieden. Alle drei Welten gehören bei Martinus zum Erschaffenen. In ihnen kann das Überbewusstsein nicht gefunden werden, obwohl es mit den drei Welten verbunden ist. Es ist sowohl außerhalb der erschaffenen Welt als auch ihr innerstes Sein. Außerhalb ist es, weil es nicht zu den drei Welten gehört, und innerhalb ist es, weil aus ihm alles hervorgeht.

Die Frage, was und wo das Überbewusstsein ist, kann man also gar nicht beantworten, weil es sich außerhalb des Raumes und der Zeit befindet, weil es also unendlich und ewig ist und aus ihm alle

Räume und alle Zeiten hervorgehen. Darum kann sich ein Mensch, der sich des Überbewusstseins voll bewusst ist, in jeden Raum und jede Zeit versetzen.

Das Überbewusstsein (X1 + X2) ist das Lebewesen selbst, das in der erschaffenen Welt (X3) nicht gefunden werden kann. Die erschaffene Welt liegt außerhalb des Lebewesens und besteht aus Bewegungen und Schwingungen, die von dem Überbewusstsein der verschiedenen Wesen erschaffen werden. Der Eindruck des Dauernden entsteht, weil die Bewegungen und Schwingungen entweder zu langsam oder zu schnell sind, um vom menschlichen Bewusstsein wahrgenommen werden zu können. Die Auftürmung und Abtragung der Gebirge geschieht so langsam, dass wir den Eindruck des ewig Bestehenden haben. Beim Granit beruht der Eindruck des Dauernden darauf, dass wir die Schwingungen der Atome nicht mehr wahrnehmen können, weil sie zu klein und auch zu schnell sind.

In dieser erschaffenen Welt von Schwingungen und Bewegungen findet man nur die Äußerungen von Wesen und Leben – *Lebensäußerungen* nennt sie Martinus –, aber nicht die Lebewesen selbst. Wer die erschaffene Welt für die alleinige Wirklichkeit hält – wie der Materialist –, lebt aus der Sicht von Martinus in einer völligen Illusion.

Unser Leben besteht aus Wahrnehmungen, Gefühlen, Gedanken, Erinnerungen usw., kurz aus Lebenserleben. Dieses Lebenserleben ist immer mit körperlichen Vorgängen, also mit Schwingungen und Bewegungen verbunden. Diese Schwingungen sind Lebensäußerungen, aber nicht das Lebenserleben selbst.

Wenn die körperlichen Vorgänge die Lebensäußerungen sind, dann bleiben noch die inneren Erlebnisse der Wahrnehmungen, Gefühle, Gedanken und Erinnerungen. Auch diese gehören nicht zum Überbewusstsein, sondern zur erschaffenen seelischen und geistigen Welt.

Erst im Überbewusstsein finden wir die wahre Wirklichkeit des Lebens. Das Überbewusstsein besteht aus den Schöpferkräften, aus denen die Wahrnehmungen, Gefühle, Gedanken und Erinne-

rungen hervorgehen. Diese Schöpferkräfte sind das Leben im Wesen.
Real treten das universelle Ich, die individuelle Schöpferkraft und die Lebensäußerungen immer als Einheit auf. Auch das kosmisch bewusste Wesen braucht die Lebensäußerungen, denn an ihm wird es sich seiner Schöpferkraft und seines universellen Ichs bewusst. Ohne die Lebensäußerungen wüsste es nichts von sich.

2.6 Die Schöpferkraft des Überbewusstseins ‚erzeugt' sechs Grundenergien, aus denen die Schwingungen und Bewegungen der erschaffenen Welt bestehen.

Martinus unterscheidet sechs *Grundenergien*, aus denen die Schwingungen und Bewegungen der erschaffenen Welt bestehen. Er nennt sie vermutlich Grundenergien, weil sich eine Grundenergie aus mehreren Einzelenergien zusammensetzen kann, auf die Martinus aber nicht eingeht, wie er sich überhaupt in seinem Werk auf wesentliche Grundelemente beschränkt, die man wissen muss, um die Zusammenhänge des Lebens zu verstehen. Dafür hat er diese Grundelemente aber von immer anderen Seiten aus betrachtet.

Als die sechs Grundenergien nennt er die *Instinktenergie*, die *Schwereenergie*, die *Gefühlsenergie*, die *Intelligenzenergie*, die *Intuitionsenergie* und die *Gedächtnisenergie*.

Diese Zusammenstellung kann auf viele Menschen zunächst irritierend wirken, denn wir sind es gewohnt, nur physische Kräfte als Energien zu betrachten. Martinus sieht dagegen auch die seelischen und geistigen Kräfte als Energien an, aus deren Schwingungen die erschaffene Welt besteht, zu der ja, wie ich bereits ausgeführt habe, nicht nur die physische, sondern auch die seelische und die geistige Welt gehören. Alle genannten Grundenergien muss man sich so vorstellen, dass sie in der physischen, der seelischen und der geistigen Welt wirken.

Eine besondere Erklärung ist für die Schwereenergie nötig, weil man sich nach der Bezeichnung leicht eine falsche Vorstellung von dieser Energie machen kann. Mit Schwereenergie meint Martinus eine Energie, die in der physischen Welt in Explosionen zum Ausdruck kommt, in der seelischen Welt in Zornausbrüchen und in der geistigen Welt im Eigensein, also darin, dass das Wesen innerhalb des Göttlichen ein eigenes Sein hat. Ich vermute, dass Martinus diese Energie die Schwereenergie nennt, weil sie das Wesen an die physische Welt bindet.

Auch zur Gefühlsenergie muss man etwas sagen, denn sie besteht in der physischen Welt aus Kälte und Verdichtungskräften, in der seelischen Welt aus Gefühlen und in der geistigen Welt aus Liebe.

Auch die Instinktenergie bedarf noch einer Erläuterung, denn sie besteht in der physischen Welt aus automatischen Wiederholungen, die Martinus *Automatfunktionen* nennt. Von den automatischen Wiederholungen werden auch die Vervielfältigungen hervorgerufen wie z. B. die Atome oder die Samen. In der seelischen Welt besteht die Instinktenergie aus unbewusst ablaufenden Regungen, von denen die Gefühle und Gedanken gesteuert werden, wenn die Instinktenergie überwiegt. In der geistigen Welt erzeugt sie das Schlafbewusstsein.

Wir sind es gewohnt, uns unter Energien etwas vorzustellen, das zum Universum gehört und sozusagen einfach von alleine da ist. So sieht Martinus das aber nicht, sondern die genannten sechs Grundenergien bestehen nur dadurch, dass sie vom Überbewusstsein der Wesen hervorgerufen werden. So werden z. B. die Gewitterentladungen mit den Blitzen und ihrem donnernden Nachhall von Automatfunktionen der Erde hervorgerufen. Ebenso rufen wir Menschen bei der Auflösung von Spannungen in unseren Körpern etwas hervor, das Gewitterentladungen entspricht und von unseren Organen und Zellen wahrgenommen wird.

Die sechs Grundenergien werden von ewigen Strukturen im Überbewusstsein der Wesen erschaffen. Aus diesen ewigen Strukturen entsteht die gesamte Schöpfung, die von Wesen aller Art geschaffen wird, von den kleinsten Mikrowesen bis zu Wesen, die ganze Galaxien erschaffen. Martinus unterscheidet innerhalb der ewigen Struktur im Überbewusstsein sechs Zentren, von denen die genannten sechs Energien ausgelöst werden. Weil diese Zentren das

Wesen durch einen unendlich langen Spiralkreislauf von Wiederverkörperungen von den Zellen bis zu den Galaxien führen[18], nennt er sie *Spiralzentren*. Diese sechs Spiralzentren sind wiederum sechs Aspekte einer einheitlichen zugrundeliegenden Schöpferkraft, die von Martinus die *Mutterenergie* genannt wird.

Ein Mensch, der kosmisch erwacht ist, wird sich damit nicht nur des universellen Ichs bewusst, sondern auch der beschriebenen Schöpferkraft des Ichs und seiner sechs Aspekte, also der sechs Spiralzentren.

2.7 Alle Energien werden von Wesen manifestiert und erlebt.

Auch die Energien werden von Martinus ganz neu gesehen, denn hinter jeder Energie steht ein Wesen, das diese Energie manifestiert und erlebt. Das Manifestieren entspricht dem männlichen, das Erleben dem weiblichen Pol der Energie. Demgegenüber kennt die Naturwissenschaft bisher nur den manifestierten Energiepol und hat von daher keine Möglichkeit, von den äußeren Energien her eine Brücke zum Erleben des Menschen zu schlagen. Sie ist sozusagen eine rein männliche Wissenschaft, der das weibliche Element bisher völlig fehlt.

Unsere Wahrnehmungen in ihrer Formen- und Farbenfülle, ihren Tönen, Gerüchen, Geschmacks- und Tastempfindungen werden von unserem Überbewusstsein erzeugt. Sie werden aber nicht nur manifestiert, sie werden auch erlebt. Denn wenn wir sie nicht erleben würden, wüssten wir ja gar nichts von ihnen. Auch dieses Erleben der Wahrnehmungen ist eine Schöpfung unseres Überbewusstseins. In gleicher Weise werden auch unsere Gefühle, Gedanken und Erinnerungen immer zugleich manifestiert und erlebt. Das gilt für alle Energien oder Schwingungen der erschaffenen Welt. Darum muss hinter allem, was wir wahrnehmen, immer ein Wesen stehen, dass die Schwingungen manifestiert und erlebt – abgesehen vom Mineralreich, das von den Wesen des Mineralreichs nicht erlebt wird, weil die Wesen, die das Mineralreich er-

---

[18] Auf den Spiralkreislauf gehe ich im Abschnitt 3.7 ein.

zeugen, sich in einer höheren Welt befinden und das Mineralreich nicht wahrnehmen können.

Das Manifestieren des Lebenserlebens bezeichnet Martinus wie gesagt als den maskulinen und das Erleben als den femininen Pol. Unser Lebenserleben, d. h. unser Wahrnehmen, Fühlen, Denken, Erinnern, Wollen usw., ist also immer doppelpolig, d. h. manifestierend und erlebend zugleich.

Eine Ausnahme davon ist der physische Aspekt des sexuellen Erlebens. Hier ist der Mann manifestierend, denn er bringt den Samen hervor und gibt ihn ab, und die Frau ist erlebend oder empfangend, denn sie nimmt den Samen auf. Von diesem physischen Vorgang aus werden das männliche und das weibliche Wesen nicht nur physisch anders geprägt. Beim männlichen Wesen liegt beim doppelpoligen Lebenserleben die innere Aufmerksamkeit mehr auf dem manifestierenden als auf dem erlebenden Aspekt. Bei der Frau ist es umgekehrt. Ihre innere Aufmerksamkeit ruht mehr auf dem erlebenden als dem manifestierenden Aspekt.

Diese Polarisierung der Energien in Manifestieren und Erleben führt zu einem ständigen Austausch der Energien zwischen Innenwelt und Außenwelt. Die von außen als Wahrnehmung einströmenden erlebten Energien werden in das Innere aufgenommen, verarbeitet und – vom Inneren umgeprägt – wieder an die Außenwelt abgegeben, indem das Wesen auf das Erlebte reagiert. Diese Reaktionen sind dann wieder für die anderen Wesen Wahrnehmungen, die von ihnen erlebt, verarbeitet und wieder in verwandelter Form manifestiert werden.

Die Polarisierung der einzelnen Energien in manifestierte und erlebte Energien wird nach Martinus von einem maskulinen und einem femininen Pol im *Ewigkeitskörper* des Überbewusstseins der Wesen hervorgerufen. Als Ewigkeitskörper bezeichnet Martinus die Struktur des Überbewusstseins.

2.8 Alle Wesen sind Wahrnehmungs- und Schöpfungsorgane des universellen Ichs.

Bei Martinus werden alle Wesen in den Rang von Wahrnehmungs- und Schöpfungsorganen Gottes erhoben. Gott hat bei Martinus kein von uns getrenntes Bewusstsein, sondern unser Bewusstsein ist Gottes Bewusstsein, unsere Wahrnehmungen sind seine Wahrnehmungen und unser Erleben ist sein Erleben.

Wie ich bereits ausgeführt habe, besteht nach Martinus das höchste Wesen, das man in den Religionen Gott nennt, aus dem universellen Ich, den individuellen Schöpfungskräften der unzähligen Wesen und dem von ihnen Erschaffenen. Das von den Wesen Erschaffene, also das All, ist der Leib Gottes.

Da nun jedes Wesen ebenfalls aus dem universellen Ich, aus seinem individuellen Schöpfungsvermögen – das ja nichts anderes ist als ein Ausschnitt aus dem Schöpfungsvermögens Gottes – und dem von ihm Erschaffenen besteht, sind Gott und seine Wesen untrennbar miteinander verbunden und alle Wesen seine Schöpfungs- und Wahrnehmungsorgane.

Martinus ist keineswegs der Meinung, dass man Gott nicht erfassen könnte, weil er zu gewaltig und erhaben für das begrenzte Fassungsvermögen eines Menschen ist, sondern er vertritt den entgegengesetzten Standpunkt. Er sagt, die ganze Schöpfung sei darauf angelegt, dass die Wesen Gott erfassen und mit ihm kommunizieren können. Denn nur dadurch, dass sie Gott wahrnehmen, kommt Gott zum Bewusstsein seiner selbst. Gott hat seinen Schöpfungsplan so angelegt, dass in jedem Wesen eines Tages die Wahrnehmung Gottes erwacht, so wie in einem Wesen, sobald es Augen entwickelt hat, die Wahrnehmung des Lichtes erwacht. Wenn das geschieht, hat das Wesen kosmisches Bewusstsein.

Wenn es die Wesen nicht gäbe, bestünde Gott nur aus X1 und hätte kein Bewusstsein von sich selbst, weil das Ewige und Unendliche sich seiner selbst nur dadurch bewusst werden kann, dass es sich begrenzt und in begrenzten Formen in Erscheinung tritt.

Die Wesen sind also nicht nur auf Gott angewiesen, weil ihr Ich und ihr Schöpfungsvermögen das Ich und das Schöpfungsvermögen Gottes sind, sondern Gott ist in gleichem Maße auf die Wesen angewiesen, weil er nur durch sie sein göttliches Bewusstsein haben kann.

Wenn die entwickelten Wesen kosmisch bewusst sind und die Wirklichkeit Gottes erfassen können und Gott dadurch ein Bewusstsein von sich selbst hat, dann bleibt die Frage, wie das möglich sein kann, da Gott doch – wie oben dargestellt – das gesamte All umfasst? Kein Wesen, und sei es noch so hoch entwickelt, wird in seinem Bewusstsein alles umfassen können.

Die Antwort liegt darin, dass Gott sich durch jedes Wesen offenbart, da jedes Wesen sein universelles Ich teilt und sein Schöpfungs- und sein Erlebensorgan ist. Absolut betrachtet ist Gott die höchste Wirklichkeit des gesamten Alls in seiner ungeheueren vertikalen und horizontalen Ausdehnung. Er ist aber außerdem jedes individuelle Wesen in seinen drei Aspekten des universellen Ichs, der individuellen Schöpfungskraft und dem Erschaffenen, d.h. der Manifestation und dem Lebenserleben des Wesens.

Wenn Gott ($X_1+X_2+X_3$) erkannt wird, besteht er für das Wesen, das ihn erkennt, aus allem, was dem Wesen begegnet und was es erlebt, aus allen zwischenkosmischen[19] Wesen, allen Makrowesen und allen Mikrowesen.

Gott ist also nicht nur das All, sondern er wird auch in der Welt eines jeden Lebewesens gefunden, sei diese Welt groß oder klein, bedeutend oder unbedeutend. Die Welt ist fraktal aufgebaut, das heißt: Die gleiche Struktur findet sich im Größten wie im Kleinsten. Gottes Wesen ist überall und kann darum auch überall erkannt werden.

Gott kann aber erst dann erkannt werden, wenn man das universelle Ich in jedem Wesen erlebt. Dieses ist aber identisch mit dem eigenen Ich. Folglich kann Gott nur dadurch erkannt werden, dass man sich selbst in allen Wesen erkennt.

Das ist keine leichte Aufgabe, denn dazu muss man m. E. die Welt, in der man mit allen Wesen lebt, als seine eigene Welt erleben. Damit die Welt zur eigenen Welt wird, muss man sich mit ihr identifizieren. Man darf ihr nicht mehr fremd oder gar feindselig und

---

[19] siehe Abschnitt 3.2

kämpferisch gegenüberstehen. Mit der Welt kann man sich aber nur identifizieren, wenn man sie liebt, und lieben kann man sie nur wirklich, wenn man sie versteht.

Wie kann man sich das Erleben Gottes vorstellen? Hierüber gibt es viele Erfahrungsberichte. Ich möchte nur einiges Wesentliches hervorheben:

Gott wird als ein Wesen erfahren, das der oder dem Betreffenden so nahe ist wie das eigene Ich. Von ihm geht eine allesumfassende Liebe aus, von der sich das betreffende Wesen getragen fühlt und die von dem Wesen erwidert wird. Wenn das Wesen reif dafür ist, lässt Gott es an seinem Bewusstsein teilhaben, soweit das Wesen das tragen kann. Diese Erfahrung nennt Martinus *kosmische Blitze*. Der amerikanische Autor Maurice Bucke hat in seinem Buch *Cosmic Consciousness* (Kosmisches Bewusstsein) solche Erfahrungsberichte gesammelt. Leider liegt das Buch nur auf Englisch vor. Sehr schöne Beschreibungen finden sich auch in der *Autobiographie eines Yogi* von Paramahansa Yogananda.

2.9 Die Schöpferkräfte des Überbewusstseins wurden früher als himmlische Hierarchien wahrgenommen.

Von unseren sechs Spiralzentren werden die Schwingungen unseres Wahrnehmens und Lebenserlebens erschaffen. Wir bestehen aus Organen und Zellen, in denen – wie ich noch ausführen werde – Martinus ebenfalls Lebewesen sieht. Die Spiralzentren unserer Organe erschaffen die Schwingungen, aus denen ihr Lebenserleben besteht. Ebenso haben unsere Zellen eigene Spiralzentren, von denen die Schwingungen erschaffen werden, aus denen ihr Lebenserleben besteht.[20]

Diese Spiralzentren wurden auch von den alten Eingeweihten geschaut. Da sie ihr Hellsehen aber auf das kosmische Bewusstsein einer alten Weltepoche stützten[21] und noch nicht auf das noch nicht in ihrem Inneren erwachte kosmische Bewusstsein stützen

---

[20] Wie die Schwingungen geschaffen werden, aus denen die Körper, Organe und Zellen bestehen, erkläre ich im nächsten Kapitel.
[21] Hierauf gehe ich im Abschnitt 6.1 ein

konnten, erlebten sie m. E. die Spiralzentren nicht als Schöpferkräfte ihres eigenen Überbewusstseins und des Überbewusstseins anderer Wesen, sondern sie erlebten sie als göttliche Wesen, die von außen an sie herantraten. So entstand die christliche Hierarchienlehre, wie sie nach der Tradition von Dionysius Areopagita überliefert wurde.

Die Hierarchienlehre kennt die erste, die zweite und die dritte Hierarchie. Die erste Hierarchie ist nach der Überlieferung Gott am nächsten und besteht aus den Seraphim, den Cherubim und den Thronen. Die zweite Hierarchie, die Gott schon etwas ferner sein soll, besteht aus den Kyriotetes, Dynamis und Exusiai. Und dann gibt es noch die dritte Hierarchie der Archai, Archangeloi und Angeloi. Folgt man Rudolf Steiners *Geheimwissenschaft im Umriss*, dann sind die erste und die zweite Hierarchie die Schöpferwesen, die unsere Welt hervorgebracht haben. Nach Steiners *Geheimwissenschaft* lässt sich eine Zuordnung der Hierarchien zu den Spiralzentren herstellen.

Meines Erachtens wurden die Spiralzentren der Intuitionsenergie von den alten Eingeweihten als die Seraphim geschaut, die Spiralzentren der Intelligenzenergie als die Cherubim und die Spiralzentren der Gedächtnisenergie, von denen auch das Mineralreich hervorgebracht wird, wurden als Throne wahrgenommen.

Die zweite Hierarchie finden wir wieder in den Spiralzentren der Instinktenergie, die den Kyriotetes entsprechen, in den Spiralzentren der Schwereenergie, zu denen die Dynamis, und den Spiralzentren der Gefühlsenergie, zu denen die Exusiai gehören.

Bei der dritten Hierarchie hat man es nicht mehr mit Schöpferwesen zu tun, sondern mit Engelwesen über dem Menschen. Man kann die Archai mit den Wesen des Gedächtnisreiches, die Archangeloi mit den Wesen der göttlichen Welt und die Angeloi mit den Wesen des Weisheitsreiches identifizieren.[22]

Während im alten Geheimwissen die Wesen der sechs schöpferischen Hierarchien außerhalb der erschaffenen Wesen in der göttlichen Welt vorgestellt wurden, sieht sie Martinus als die Schöpferkräfte im Inneren jedes Wesens.

---

[22] siehe Abschnitt 3.4

3. Alle Wesen durchlaufen sechs Daseinsebenen in sieben Spiralkreisen. Aus ihrem Manifestieren und Erleben entsteht das All.

3.1 Kein Wesen ist höher oder niedriger gestellt als alle anderen.

Das Besondere an Martinus' Weltsicht ist nicht nur, dass er jedes Wesen geistig konkret im Allerhöchsten, d. h. im universellen Bewusstsein, verankert, sondern er hebt auch alle Wertungen zwischen den Wesen auf, so dass kein Wesen höher oder niedriger gestellt ist als alle anderen. Trotzdem erhält dabei jedes Wesen seinen geordneten Platz, seine Herkunft und seine Zukunft.

Martinus sieht das All als ein lebendiges Ganzes, das von Wesen gebildet wird, die einander in wechselnden Formen und Gestalten in ihren Aufgaben in einem unendlichen Prozess ablösen. Jedes Wesen ist ewig, hat ewig gelebt und wird ewig leben. Das All besteht aus reiner Freude am Dasein.

Wenn ein Wesen das allerhöchste Ziel erreicht hat und in der göttlichen Welt in Einheit mit Gott lebt, alles liebend, verstehend und beherrschend, erwacht in ihm nach langer Zeit die Sehnsucht, wieder in die Finsternis einzutauchen und in verwandelter und höherer Form einen neuen Kreislauf zu beginnen. So wird aus diesem Wesen in Zusammenarbeit mit anderen Wesen eine neue Welt geboren.

Da alle Wesen ewig sind, sind alle bereits an dem höchsten Ort des Lichtes und dem tiefsten Ort der Finsternis gewesen. Wer in der Finsternis wandelt, hat sich danach gesehnt, wieder in die Unwissenheit einzutauchen. Und wer sich nach dem Licht sehnt, hat den Tiefpunkt der Finsternis bereits überschritten. Seine Sehnsucht nach Wissen und Licht wird sich ebenso erfüllen, wie sich seine Sehnsucht nach Finsternis und Unwissenheit erfüllt hat.

3.2 Jedes Wesen ist mit Mikro- und Makrowesen verbunden. Die Mikrowesen liefern dem Makrowesen das Erleben, aus dem dieses sein eigenes Erleben formt.

Der Kosmos von Martinus besteht aus den Manifestationen und dem Lebenserleben unzähliger Myriaden von Wesen. Diese Wesen leben aber nicht beziehungslos nebeneinander, sondern als Wesen innerhalb von Wesen.

Wir können uns das leicht vorstellen, wenn wir von unserem Körper ausgehen. Dieser besteht aus Organen. Die Organe sind aus der Sicht von Martinus Wesen mit einem selbstständigen Bewusstsein. Sie setzen sich wiederum aus Zellen zusammen, die auch jeweils ein eigenes selbstständiges Bewusstsein haben. Die Zellen bestehen aus Molekülen und diese aus Atomen, die wiederum aus Elementarteilen bestehen. Auch Moleküle, Atome und Elementarteile sind nach Martinus wesenhaft, haben aber kein Bewusstsein von sich selbst, denn sie gehören zum Mineralreich, das auf der physischen Welt unbewusst ist. Das Bewusstsein der Mineralien befindet sich auf einer höheren Ebene, dem Seligkeits- oder Gedächtnisreich. Dieser Wesenszusammenhang setzt sich nach außen fort, da wir Menschen nach Martinus Lebenseinheiten des Gehirnorgans der Erde sind. Die Erde ist wiederum ein Organ unseres Sonnensystems und unser Sonnensystem ein Glied innerhalb unserer Milchstraße.

Wir können diesen Kosmos auch in einer Dreiheit darstellen. Wenn wir auf die Wesen innerhalb unseres Körpers schauen, können wir vom Mikrokosmos sprechen. Ihnen gegenüber bilden die Himmelskörper (Planeten, Monde, Kometen), die Sonnensysteme und die Galaxien den Makrokosmos, und wir selbst leben mit den Mineralien, Pflanzen und Tieren im Zwischenkosmos. Zu unserem Zwischenkosmos gehören auch noch die drei geistigen Wesensreiche des Weisheitsreiches, der göttlichen Welt und des Seligkeits- oder Gedächtnisreiches. Sie bilden zusammen mit den physischen Reichen des Pflanzenreiches, Tierreiches und Menschenreiches den physisch-geistigen Organismus der Erde.[23]

---

[23] siehe Abschnitt 3.4

Was unsere Organe erleben, dringt als Wahrnehmung – zum Teil sehr deutlich, zum Teil nur als Gesamtstimmung – in unser Bewusstsein. So ist z. B. das, was unser Auge erlebt, in zusammengefasster Form sehr deutlich in unserem Bewusstsein. Allerdings sind wir uns immer nur des Teils bewusst, auf dem unsere Aufmerksamkeit ruht. So verhält es sich auch mit den anderen Sinnesorganen.

Auch von der Denktätigkeit des Gehirns wird uns nur ein begrenzter Ausschnitt bewusst, dieser aber sehr deutlich. Die übrigen Organe nehmen wir meist nur als Wohlgefühl wahr, wenn sie gesund arbeiten können, und als Schmerz, wenn sie gestört sind.

Während wir unser Erleben von unseren Organen erhalten, erhalten diese ihr Erleben wiederum von den Zellen. Makrowesen und Mikrowesen sind so miteinander verbunden, dass das Makrowesen die Grundelemente seines Erlebens von den Mikrowesen geliefert bekommt, aus denen es dann sein eigenes Erleben formt und dieses wieder an das nächste mit ihm verbundene Makrowesen weitergibt. Dieses empfängt ebenfalls das Erleben vieler Mikrowesen und formt daraus dann wieder sein eigenes Erleben.[24]

Die Basis von all diesem Wahrnehmen und Erleben ist das Stofferleben der Zelle. Von der Zelle wird die materielle Reaktion – z. B. die Begegnung mit einem Lichtphoton im Auge – in eine geistige Reaktion überführt. Was die Millionen Zellen erleben, nimmt das Auge dann als Gesamteindruck wahr, den es wiederum an das betreffende Lebewesen weitergibt.

Weil das Makrowesen alles Erleben von den Mikrowesen erhält, ist es immer ihr Beschützer, denn wenn sie leiden, erlebt es diese Leiden als Schmerz, so dass es versuchen wird, dem Leiden abzuhelfen.

3.3 Das Makrowesen stellt den Mikrowesen die Umwelt zur Verfügung, in der es lebt.

Während die Mikrowesen dem Makrowesen die Erlebnisse liefern, aus denen es sein eigenes Erleben aufbaut, liefert das Makrowe-

---

[24] siehe Abschnitt 4.3

sen den Mikrowesen die Umwelt, in der sie leben können. Die uns umgebenden Naturreiche mit ihren Tieren, Pflanzen, Gesteinen und Kristallen sind die Organe und Zellen des Makrowesens Erde. In gleicher Weise sind auch unsere Organe die Naturreiche für die Mikrowesen unseres Körpers.

Bei diesen Verhältnissen ist das Makrowesen immer das bestimmende Wesen. Unser Lebenserleben ist für unsere Mikrowesen Naturgewalt und Naturgesetz, wie für uns der Wechsel von Tag und Nacht, der Wechsel der Jahreszeiten, das Wettergeschehen, Gewitter, Erdbeben und Vulkanausbrüche Naturgewalten und Naturgesetze sind. Diesen Naturgewalten können wir uns genauso wenig entziehen, wie sich unsere Mikrowesen uns entziehen können.

Das Mikrowesen liefert dem Makrowesen die Erlebnisse, aber das Makrowesen bestimmt, was das Mikrowesen erlebt, denn es bestimmt die Umwelt der Mikrowesen, ob diese harmonisch oder disharmonisch, aufbauend oder abbauend, lebensfreundlich oder lebensfeindlich ist. Das Makrowesen bestimmt, welche Nahrung die Mikrowesen erhalten, welche Bewegungen die Muskeln ausführen müssen, welche Wahrnehmungen das Auge macht, welche Töne das Ohr hört, welche Hormone ausgeschüttet werden, die das Erleben der Organe und Zellen steuern, und insbesondere, was für Gedankenströme vom Gehirn ausgehen. Denn die Gedanken sind feine elektrische Wellen, die für unsere Organe und Zellen die stärkste Naturkraft bilden. Martinus beschreibt den Zusammenhang zwischen unserem Denken und der Wirkung des Denkens auf die Mikrowesen folgendermaßen:

Da die Gedanken also dasselbe wie *feine elektrische Wellen sind,* die den Organismus durchströmen, ist jedes Denken mit der einen oder anderen Form von ‚Elektrisieren' des Organismus identisch, d. h. mit einem ‚überphysischen' Kraftauffüllen. Dieses ‚Elek*trisieren' oder Kraftauffüllen wird direkt im Blut ausgelöst. Das Denken wird somit zum höchsten Fundament bei der Erschaffung des Blutes, und seine Qualität muss deshalb mit der Art und der Qualität des Denkens stehen und fallen. Da das Blut wiederum das tragende Fundament bei der Erschaffung des Organismus sowie seiner Erhaltung und seines Wohlbefindens ist, ist das Denken also* *der allerhöchste Manifestationsfaktor des Lebens. – Was ein Wesen denkt, das wird es. Hat es krankhafte und abnorme Gedanken, wird sein Organismus krankhaft oder abnorm magnetisiert, wobei er in entsprechendem Grad als ungesund und geschwächt hervortreten muss, während er mit hellen, gesunden und normalen Gedanken unvermeidlich als Ausdruck für das höchste normale Wohlbefinden hervortreten wird.*[25]

Trotzdem ist das Mikrowesen dem Makrowesen nicht ausgeliefert, denn es wird von dem Makrowesen angezogen, das ihm die Umwelt bieten kann, die seinem Entwicklungsstand entspricht. Wenn es sich schneller oder langsamer entwickelt als das Makrowesen, wird es bei der nächsten Verkörperung von einem entsprechend mehr oder weniger entwickelten Makrowesen angezogen.

3.4 Im Laufe seines Weges durch die Daseinsebenen und Daseinsreiche erschafft und erlebt jedes Wesen einen zeitlich ausgedehnten Kosmos.

Wie ich bereits dargestellt habe, sieht Martinus die unzähligen Wesen des Alls aus der Aufspaltung der Schöpferkraft des universellen Ichs hervorgehen. Die Welt kann nur in Polaritäten erscheinen, die sich gegenseitig bedingen wie Licht und Dunkelheit. Weil sie sich aber zugleich ausschließen, denn das Licht kann nicht auch die Dunkelheit sein, muss sich die Schöpferkraft des einen Gotteswesens aufspalten und durch viele Wesen wirken.[26]

Für Gott bleibt bei seiner Gesamtschöpfung die Ganzheit seines Seins gewahrt, denn seine Schöpfung enthält das Licht ebenso wie die Dunkelheit. Dagegen kann jedes seiner Wesen bei seiner Schöpfung immer nur einen Teilaspekt des universellen Seins manifestieren und erleben. Weil es aber mit dem universellen Ich verbunden bleibt, entsteht in ihm das Urbegehren, die ganze Fülle seines universellen Ichs zu manifestieren und zu erleben.

Der Kosmos ist so angelegt, dass jedes Wesen seinem Urbegehren folgen und im Laufe der Zeiten ein unermessliches Poten-

---

[25] B, 43. K.
[26] siehe Abschnitt 2.3

zial an Leben entfalten kann. Da das Ich unendlich, also unerschöpflich ist, findet das Urbegehren nie ein Ende. Mit solch einem Ende würde auch die Schöpfung verschwinden und der Kosmos in die Unbewusstheit versinken, in der nichts wäre außer X1, das nichts von sich selber wüsste, weil das Unendliche und Ewige sich seiner selbst nur durch die Schöpfung bewusst werden kann.

Das Manifestieren und Erleben jedes Wesens kann nur so geschehen, dass es sich in den gesamten Kosmos so eingliedert, dass dieser ewig bestehen bleibt. Das ist sozusagen die göttliche Vorgabe an alle Wesen. Sie ist auch zum Heil aller Wesen, weil sie das All nur durchwandern können, wenn es ewig besteht. Diese Vorgabe wird durch das Überbewusstsein gesteuert, das ja nicht nur Überbewusstsein der Wesen ist, sondern auch das Überbewusstsein Gottes, für den alle Wesen seine Schöpfungs- und Erlebensorgane sind.

Martinus beschreibt den Kosmos als einen lebendigen Organismus, der aus sieben Daseinsebenen besteht. Jede Daseinsebene besteht wiederum aus sieben Daseinsreichen. Die Daseinsebenen sind die Stoffebene, die Zellebene, die Organebene, die Organismusebene, die Himmelskörperebene, die Sonnensystemebene und die Galaxienebene. Die sieben Daseinsreiche lassen sich am besten an der Organismusebene beschreiben. Dort bestehen sie aus dem Mineralreich, dem Pflanzenreich, dem Tierreich, dem Menschenreich, dem Weisheitsreich, der göttlichen Welt und dem Seligkeits- oder Gedächtnisreich. Diese sieben Daseinsreiche finden sich entsprechend abgewandelt auf allen Daseinsebenen. Auf die Einzelheiten gehe ich in den folgenden Abschnitten noch ein.

Das Überbewusstsein verschiebt die Schöpferkraft jedes Wesens so, dass es im Laufe unendlich langer Zeiten in Wiederverkörperungen den gesamten Kosmos in aufsteigenden Spiralkreisläufen[27] von der Stoffspirale bis zur Galaxienspirale in jeweils sieben Daseinsreichen durchläuft und ihn dabei selbst erschafft und erlebt (siehe das Symbol Nr.14 *Der kosmische Spiralkreislauf* auf der vorderen Innenseite des Umschlags).

---

[27] siehe Abschnitt 3.7

Dabei durchläuft das Wesen so großartige Metamorphosen wie wir sie von der Raupe kennen, wenn aus ihr der Schmetterling geboren wird. Alles ist lebendige ewige Wandlung. Dauernd ist alleine das Ich. Aufgespaltete Schöpferkräfte schließen sich erneut zusammen und bilden höhere Wesen, die sich auch wieder aufteilen können.[28]

Bei diesen Metamorphosen bleibt die Identität des Erlebens aber immer erhalten, denn sie beruht auf der Einheit mit dem universellen Ich und dem Erinnerungsstrom, der jedes Wesen begleitet. Die Wesen sind keine ewigen Individualitäten, denn auch die Individualität ist bei Martinus eine erschaffene Erscheinung. Ewig ist alleine das Überbewusstsein, an dem aber alle Lebewesen teilhaben. Es besteht aus X1, dem universellen Ich, und X2, dem Schöpfungsvermögen.

Das von einem Wesen so im Laufe der Zeit Manifestierte und Erlebte ist auch ein Kosmos, aber kein räumlicher, sondern ein Erinnerungskosmos, der sich durch unermessliche Zeiten ausdehnt.

3.5 Die Schöpfung jedes Wesens wird durch drei innere und drei äußere Energien hervorgebracht, die drei polare Gegensatzpaare bilden.

Das Wesen, das die Spiralkreise mit ihren sechs Daseinsreichen[29] des Gedächtnisreiches, Pflanzenreiches, Tierreiches, Menschenreiches, Weisheitsreiches und der göttlichen Welt gleichsam durchwandert, ist kein Reisender, der durch eine wechselnde Landschaft fährt, sondern ein Mitschöpfer dieser Landschaften. Das Wesen manifestiert sich nacheinander als Pflanze, Tier, Mensch und Wesen der drei geistigen Reiche und erlebt sich in diesen Gestalten.

---

[28] siehe Abschnitt 3.12

[29] Je nach Sichtweise kann man von sechs oder von sieben Daseinsreichen sprechen. Am Ende des sechsten Daseinsreiches, des Seligkeits- oder Gedächtnisreiches, entsteht das Mineralreich. Wenn man dieses als eigenes Reich betrachtet, hat man sieben Reiche, sonst sechs. Das Mineralreich hat kein Bewusstsein von sich selber. Das Bewusstsein des Mineralreiches befindet sich im Seligkeits- oder Gedächtnisreich.

Wie geschieht das? Als Schöpferkraft stehen dem Wesen nach Martinus sechs Energien zur Verfügung. Er bezeichnet sie als Instinktenergie, Schwereenergie, Gefühlsenergie, Intelligenzenergie, Intuitionsenergie und Gedächtnisenergie[30]. Auch diese sechs Energien bilden Polaritäten, weil alles, was erscheint, aus Polaritäten bestehen muss, um überhaupt erscheinen zu können.

Wir haben zunächst eine große Polarität zwischen inneren und äußeren Energien. Innere Energien sind die Gefühlsenergie, die Intelligenzenergie und die Intuitionsenergie und äußere Energien die Gedächtnisenergie, die Instinktenergie und die Schwereenergie. Wieso nennt Martinus gerade diese sechs Energien? Könnten es auch mehr oder weniger sein? Gibt es einen logischen, gedanklichen Zusammenhang zwischen ihnen?

Wenn wir etwas Äußeres erleben, dann ist dieses Erleben Gefühl. Alle Wahrnehmungen werden aus Gefühlsenergie gebildet, sagt Martinus. Gefühle werden aber wie alle Energien nicht nur erlebt, sondern auch manifestiert. Wahrnehmungen, z. B. Farben und Formen oder Töne und ihr Zusammenklang, sind manifestierte Gefühlsenergien, die wir zugleich erleben.

Bei der Begegnung mit einer äußeren Erscheinung ist unsere erste Reaktion also Gefühl, womit die Gefühlsenergie auftritt. Darauf folgt die zweite Reaktion, und wir versuchen zu verstehen, was wir wahrnehmen. Damit tritt die Intelligenzenergie in Aktion. Wenn wir Intelligenzenergie manifestieren, dann bilden wir Gedanken.

Die dritte Energie, die bei der Begegnung mit der äußeren Welt auftritt, ist die Intuitionsenergie. Sie bleibt aber beim gegenwärtigen Menschen meistens noch unbewusst. Die Intuitionsenergie könnte man auch Identifikationsenergie nennen, denn sie beruht darauf, dass wir uns mit der Erscheinung identifizieren. Wir setzen uns mit ihr in Eins. Wenn Christus sagte: „Ich und der Vater sind eins", dann ist das Ausdruck der Intuitionsenergie. Er identifizierte sich so vollständig mit Gott, dass er sich und Gott als Einheit erlebte. Die Wahrnehmung und Aneignung der Welt wird also in drei Schritten vollzogen: durch Gefühl, Verstehen und In-Eins-Setzung.

---

[30] Siehe Abschnitt 2.6

3. Alle Wesen durchlaufen sechs Daseinsebenen... 39

Zu diesen drei inneren Energien bilden jetzt drei äußere Energien die Gegenpole. Sie heben die inneren Energien wieder auf. Das Ergebnis eines gleichmäßigen Zusammenwirkens der inneren und der äußeren Energien wäre daher, dass gar nichts erscheinen oder erlebt werden könnte, weder außen noch innen.

Die Gedächtnisenergie hebt die Gefühlsenergie auf, denn die Gefühlsenergie beruht auf der Begegnung mit äußeren Erscheinungen. Bei der Gedächtnisenergie gibt es aber keine Begegnungen. Alles, was Inhalt des Gedächtnisses ist, ist bekannt. Neue Begegnungen können gar nicht stattfinden.

Ebenso hebt die Instinktenergie die Intelligenzenergie auf, denn sie wiederholt automatisch abgelaufene Wege. Ihr Kennzeichen ist gerade, dass die Intelligenz ausgeschaltet wird.

Die Aufhebung der Intuitionsenergie geschieht durch die Schwereenergie. Diese ist reine Selbstbehauptungsenergie und beruht darauf, dass nur das eigene Ego im Zentrum steht. Sie schließt eine Identifikation mit anderen Wesen aus.

3.6 Damit die polaren Energien wirken können, wird vom Überbewusstsein ein sich ständig verschiebendes Ungleichgewicht zwischen ihnen erzeugt.

Die sechs Schöpfungsenergien sind sechs Aspekte der Schöpfungskraft, die immer zusammenwirken. Sie können aber nur dadurch wirken, dass von dem Überbewusstsein ein Ungleichgewicht zwischen den Energien hergestellt wird, weil sich sonst ihre Polaritäten gegenseitig aufheben würden und nichts entstehen könnte.

In jedem der sechs Daseinsreiche wirkt eine besondere Form des Ungleichgewichts. Durch das spezifische Ungleichgewicht des jeweiligen Daseinsreiches werden die bestimmten Manifestations- und Erlebnisformen hervorgerufen, die für das betreffende Daseinsreich kennzeichnend sind. Dies ist in dem Symbol Nr. 12 über die Kombinationen der Grundenergien auf der hinteren Innenseite des Umschlags dargestellt.

Die Energien verschieben sich so, dass nacheinander immer eine der sechs Energien kulminiert, während die entsprechende polare Energie latent bleibt. Die kulminierende Energie bestimmt den Charakter des entstehenden Daseinsreiches. Gleichzeitig wirken aber auch noch die verbleibenden anderen vier Energien. Sie wirken so, dass zwei Energien an Kraft zunehmen und zwei an Kraft abnehmen. Die Energien, die in den nächsten beiden folgenden Daseinsreichen kulminieren werden, nehmen an Kraft zu und die Energien, die in den beiden vorhergehenden Daseinsreichen kulminierten, nehmen an Kraft ab.

Während im Seligkeits- oder Gedächtnisreich die Gedächtnisenergie kulminiert und die Gefühlsenergie latent bleibt, erscheint dann zum Schluss das Mineralreich. Bei dem Kulminieren der Instinktenergie und dem Latentbleiben der Intelligenzenergie erscheint das Pflanzenreich. Im Tierreich kulminiert die Schwereenergie und die Intuitionsenergie bleibt latent. Im Menschenreich kulminiert die Gefühlsenergie und die Gedächtnisenergie bleibt latent, im Weisheitsreich kulminiert die Intelligenzenergie und die Instinktenergie bleibt latent und in der göttlichen Welt kulminiert die Intuitionsenergie und die Schwereenergie bleibt latent.

Die Energien verschieben sich von Daseinsreich zu Daseinsreich nicht plötzlich, sondern langsam. Wenn Martinus sagt, dass im Pflanzenreich die Instinktenergie kulminiert, dann meint er damit den Höhepunkt des Pflanzenreiches. Bis zu diesem Höhepunkt wächst die Instinktenergie im Pflanzenreich immer mehr an und danach nimmt sie wieder ab. Sie nimmt dann auch durch das ganze Tierreich hindurch ab, auch durch das Menschenreich, bis sie im Weisheitsreich, bei dem die Intelligenzenergie kulminiert, nur noch latent ist. Danach wächst sie dann wieder an (siehe hier und bei den folgenden Erläuterungen das Symbol Nr.12 *Die Kombinationen der Grundenergien* auf der hinteren Innenseite des Umschlags).

In dieser Weise nehmen alle Energien bis zu einem Höhepunkt zu und von dort aus dann wieder ab, bis sie nur noch latent sind. Dann wiederholt sich dieser Prozess. In jedem Daseinsreich wirken zwei anwachsende, eine kulminierende, zwei abnehmende oder degenerierende und eine latente Energie. Wenn man von zwei aufeinander folgenden Daseinsreichen weiß, welche Energien kulminieren, welche zunehmen und welche abnehmen, dann kann man daraus die Bewegung der Energien durch alle sechs Daseinsreiche konstruieren.

Im Tierreich kulminiert beispielsweise die Schwereenergie, während die Intuitionsenergie nur latent vorhanden ist. Gleichzeitig verstärken sich die Energien, die in den nächsten Reichen kulminieren werden. Das sind die Gefühlsenergie, die im Menschenreich, und die Intelligenzenergie, die im Weisheitsreich kulminieren werden. Die Energien, die in den beiden vorhergehenden Reichen kulminierten, degenerieren dagegen. Das sind die Instinktenergie, aus deren Kulmination das Pflanzenreich, und die Gedächtnisenergie, aus deren Kulmination das Seligkeits- oder Gedächtnisreich entstand.

Die polaren Energien der Instinktenergie und der Intelligenzenergie können im Tierreich gleichzeitig wirken, ohne sich gegenseitig aufzuheben, weil sie verschieden stark sind. Die Instinktenergie degeneriert zwar bereits, sie wirkt aber trotzdem noch sehr stark. Ihr Gegenpol, die Intelligenzenergie, entfaltet sich mit der Höherentwicklung der Tiere zwar immer mehr, er wird aber nie so stark wie die Instinktenergie, weil die Intelligenzenergie im Tierreich erst mit ihrer neuen Entfaltung beginnt – nachdem sie im Pflanzenreich nur latent war –, während die Instinktenergie dort kulminierte. Die Intelligenzenergie nimmt also mit der Höherentwicklung der Tiere immer mehr zu und die Instinktenergie immer mehr ab.

Bei dem dritten polaren Energiepaar, der Gefühlsenergie und der Gedächtnisenergie, nimmt die Gefühlsenergie im Tierreich immer stärker zu, denn sie wird im Menschenreich ihre Kulmination erreichen, während die bereits schwache Gedächtnisenergie immer mehr abnimmt, so dass sie im Menschenreich nur noch latent sein wird.

Wenn im Menschenreich die Gefühlsenergie kulminiert, ist die Gedächtnisenergie nur noch latent. Hat der Mensch dann keine Erinnerungen mehr? Die Abnahme des Gedächtnisses ist beim gegenwärtigen Menschen bereits deutlich zu beobachten. Sie wird noch durch die technischen Erinnerungsspeicher – wie die Fotografie, die Literatur und den Computer – verstärkt. Wir brauchen darüber aber nicht zu erschrecken, denn nach Martinus wird die Erinnerung im wahren Menschenreich[31] durch die Intuition ersetzt. Die Intuition ermöglicht es dem Menschen dann, sich so in vergangene Zeiten zurückzuversetzen, dass er alles wieder vor sich hat, aber außer sich, gleichsam objektiv, und nicht in sich wie bei der Erinnerung.

Im Seligkeits- oder Gedächtnisreich beendet das Wesen dann den Durchgang durch die sechs Daseinsreiche, und damit hat es auch den ganzen Spiralkreis einer Daseinsebene durchlaufen.

Weil das Seligkeitsreich von der Gedächtnisenergie bestimmt wird und die Gefühlsenergie nur noch latent vorhanden ist, leben hier nur die Erinnerungen auf, ohne dass eine äußere Welt erscheinen würde. Die Erinnerungen sind so vollkommen, dass das Wesen alle Einzelheiten der durchlebten Spirale erinnern kann. Martinus nennt die Erinnerungen *Goldkopien*, weil sie im Licht der noch nachwirkenden göttlichen Welt gesehen werden. Durch die in der göttlichen Welt kulminierende Intuition enthüllen sich der Sinn und die Bedeutung von allem Erlebten.

Während das Wesen seinen Erinnerungskosmos selig genießt, beginnt es allmählich eine Neuschöpfung zu begehren und sich nach einem erneuten Eintauchen in die Materie zu sehnen. In dieser ‚Zeit' am Ende des Seligkeits- oder Gedächtnisreiches wenden sich seine Seligkeitsenergien nach außen und manifestieren zusammen mit der Instinktenergie, der Schwereenergie und der Gefühlsenergie das Mineralreich einer neu beginnenden Spirale. Davon weiß das Wesen im Seligkeitsreich aber nichts, weil es völlig in seinen Erinnerungen lebt.

---

[31] Nach Martinus ist der gegenwärtige Mensch noch nicht im „wahren Menschenreich", sondern er repetiert noch das Tierreich (siehe dazu die Abschnitte 3.9 und 3.10).

3. Alle Wesen durchlaufen sechs Daseinsebenen... 43

3.7 Jedes Wesen wandert in einem aufsteigenden Spiralkreis vom göttlichen Bewusstsein in die Finsternis des Tierbewusstseins und wieder zurück zum Licht. Gott hat durch die Wesen ein primäres und ein sekundäres Bewusstsein.

Von den monotheistischen Religionen wird Gott als das vollkommene, allliebende, allwissende, allmächtige und allgegenwärtige Wesen vorgestellt. Bei dieser Vorstellung wird das Böse zu einem nahezu unlösbaren Problem. Denn wenn Gott allliebend ist, wie kann er dann das Böse zulassen? Wenn das Böse aber nicht aus ihm ist, wie kann er dann allmächtig sein? Um dieses Problem zu lösen, das sogenannte Theodizee-Problem – die Frage, wie Gott angesichts des Bösen oder des Übels in der Welt gerechtfertigt werden kann –, sind umfangreiche Theologien entstanden. Aus der Geisteswissenschaft von Martinus ergibt sich darauf eine sehr ungewöhnliche Antwort, die meines Wissens im abendländischen Denken bisher nicht gefunden wurde:

So wie der kosmisch bewusste Mensch sich des ewigen und unendlichen Ichs nur als Kontrast zu seiner zeitlichen und begrenzten Wahrnehmungswelt bewusst werden kann[32], wird sich auch Gott seines zeit- und raumlosen Ichs nicht direkt, sondern als Kontrast zum gesamten Universum bewusst. Das ist natürlich ein Kontrast von einem ganz anderen Format als der Kontrast, den irgendein Lebewesen erleben kann. Daraus wird deutlich, dass alle Bewusstseinsinhalte nur vergängliche Erscheinungen sind, ob sie nun gut oder böse sind. Auch das Bewusstsein Gottes ist vergänglich, wenn es sich auch unablässig erneuert.

Für Martinus sind alle Bewusstseinsinhalte, d.h. alle Wahrnehmungen, Gefühle, Gedanken, Handlungen, kurz alles Lebenserleben, bewusst erschaffene Erscheinungen. Das Böse, die Finsternis, das Übel sind genauso erschaffen wie das Gute, das Licht, das Heilende, das Wissen ebenso wie die Unwissenheit. Von daher ist ein Beweis für das Dasein Gottes in der Geisteswissenschaft von Martinus nicht möglich, weil jeder Beweis zu den erschaffenen Erscheinungen gehört.

---

[32] siehe Abschnitt 2.2

Was erschaffen wird, kann nur durch den Kontrast erschaffen werden. Trotz dieser Notwendigkeit ist die ewige Weltordnung aber so beschaffen, dass von den sechs Daseinsreichen einzig das Tierreich ein Ort des Leidens ist.

Im Seligkeits- oder Gedächtnisreich vollzieht jedes Wesen die große Wende seines Lebenserlebens. Übersättigt vom Licht sehnt es sich wieder nach der Finsternis und wendet sich seinen Erinnerungen aus dem Tierreich zu. Das wird dadurch ausgelöst, dass vom Überbewusstsein die Instinktenergie verstärkt wird und die Schwereenergie, die in der göttlichen Welt nur latent war, wieder zu wirken beginnt. Wenn die Instinktenergie sich so verstärkt hat, dass sie zur dominanten Energie geworden ist, taucht das Wesen mit einem ahnenden Bewusstsein in die Pflanzenwelt ein (siehe hier und bei den folgenden Ausführungen das Symbol Nr.14 *Der kosmische Spiralkreislauf* auf der vorderen Innenseite des Umschlags).

Der Weg vom Seligkeits- oder Gedächtnisreich über das Pflanzenreich zum Tierreich ist der Weg von der göttlichen Welt zum Tier, vom Licht zur Finsternis, vom Wissen zur Unwissenheit. Ohne diesen Weg wäre keine Schöpfung möglich, weil, wie bereits gesagt, alles Erschaffene aus Kontrasten besteht.

Der andere große Wendepunkt der Spirale liegt im Menschenreich. Nach der Kulmination des Eigenseins, der Finsternis und des *tötenden Prinzips*[33] während des Durchgangs durch das Tierreich erwacht im Menschenreich das erneuerte kosmische Bewusstsein, und das Wesen beginnt seinen Rückweg zur Kulmination der Liebe, des Wissens und der Schöpfermacht in den drei höheren Reichen der Spirale, also im wahren Menschenreich, im Weisheitsreich und der göttlichen Welt.

Dieser Weg vom Licht zur Finsternis und wieder zurück zum Licht ist keine Wiederholung des ewig Gleichen, sondern wird immer auf einer neuen umfassenderen Spirale beschritten. Im Falle des Menschen war die vorangegangene Spirale die Organspirale, während wir uns jetzt in der höheren *zwischenkosmischen Spira-*

---

[33] Ausdruck von Martinus für die wirkende Kraft im Tierreich

le[34] befinden, die man auch die Organismusspirale nennen könnte, weil sich in dieser Spirale die Organe zu Organismen der Pflanzen, Tiere und Menschen zusammenfügen.

Nachdem die Menschen die jetzige Spirale durchlaufen und im Seligkeits- oder Gedächtnisreich die gesamte Spirale erinnert haben werden, werden sie ihren Weg durch die sechs Daseinsebenen in der darüber liegenden Himmelskörperspirale fortsetzen, dessen Mineralreich sie bereits in den letzten Phasen des Seligkeits- oder Gedächtnisreiches hervorgebracht haben werden. Was sie in der Himmelskörperspirale als Finsternis und Licht manifestieren und erleben werden, wird etwas ganz anderes sein als das, was sie jetzt während der Organismusspirale manifestieren und erleben.

Martinus sagt, dass die Wesen in allen Daseinsreichen außer dem Tierreich kosmisch bewusst sind. Im Seligkeits- oder Gedächtnisreich und im Pflanzenreich ist das kosmische Bewusstsein aber nur noch ein Erinnerungsnachklang an die hohen Sphären der vergangenen Spirale. Während die Pflanze auf der Erde nur ein ahnendes Bewusstsein entwickelt, mit dem sie erahnt, wo sie Wasser findet, von wo das Licht kommt, wer ihr wohlgesonnen und wer ihr feindlich ist, lebt sie mit ihrem Tagesbewusstsein in kosmischen Erinnerungen. Aus diesen Erinnerungen heraus gestaltet sie die Schönheit ihrer Formen, insbesondere ihre Blütenpracht.

In dem Kosmos, den Martinus beschreibt, gibt es immer alle Entwicklungsstufen gleichzeitig. Jede Entwicklungsstufe besteht ewig und wird von immer neuen Wesen durchlaufen.

Gott – oder das Gesamtwesen des Alls, das alle Spiralen und alle Daseinsebenen zugleich umfasst – erschafft und erlebt die Welt durch alle Wesen des Alls gleichzeitig, denn die Wesen sind ja seine Schöpfungs- und Wahrnehmungsorgane. Dabei hält Gott sein Lebenserleben ewig aufrecht und jung, weil immer neue Wesen die Spiralen durchwandern und dabei die verschiedenen Daseinsreiche gestalten und erleben.

Martinus unterscheidet zwischen dem *primären* und dem *se-*

---

[34] Ausdruck von Martinus

kundären Bewusstsein Gottes. Gottes primäres Bewusstsein wird aus den Wesen des wahren Menschenreiches, des Weisheitsreiches, der göttlichen Welt und des Gedächtnisreiches gebildet, sein sekundäres Bewusstsein aus den Wesen des Pflanzenreiches und des Tierreiches.[35]

Gottes primäres Bewusstsein ist Allliebe – gebildet von den Wesen des Menschenreiches –, Allwissen – gebildet von den Wesen des Weisheitsreiches –, Allmacht – gebildet von den Wesen der göttlichen Welt – und das Weltgedächtnis oder die Chronik alles Gewesenen – gebildet von den Wesen des Seligkeits- oder Gedächtnisreiches.

Dem steht sein sekundäres Bewusstsein gegenüber, das von den Wesen des Pflanzenreiches und des Tierreiches gebildet wird. Die Wesen des Pflanzenreiches haben aber noch einen Nachklang des kosmischen Bewusstseins, in dem sie sich an die abgelaufene Spirale erinnern. Das Tierreich ist die eigentliche Sphäre der Finsternis, in der die Wesen nach dem tötenden Prinzip leben oder ihm ausgeliefert sind. Hier ist das kosmische Bewusstsein wie erloschen, und das Einzelwesen weiß nur noch von sich selbst.

3.8 Mit den unteren drei Energien bildet das Überbewusstsein das Eigensein der Wesen. Mit den oberen drei Energien führt es sie wieder zum universellen Sein.

In allem Erschaffen wirken sechs Energien. Mit drei Energien erzeugt das Überbewusstsein das Eigensein des Wesens und mit den polaren drei anderen Energien verbindet es das Wesen mit dem universellen Sein. Die drei Energien, die das Eigensein erzeugen, sind die Gedächtnisenergie, die Instinktenergie und die Schwereenergie. Die Verbindung mit dem universellen Sein wird durch die Gefühlsenergie, die Intelligenzenergie und die Intuitionsenergie hergestellt.

Durch die Gedächtnisenergie wird das Wesen mit den Erinnerungen verbunden, die von seinem Wahrnehmen und Manifestie-

---

[35] EW 2, Ziffer 17.20

3. Alle Wesen durchlaufen sechs Daseinsebenen... 47

ren bestehen bleiben. Weil alles Geschehen in der Ewigkeit vor sich geht und von den Energien nur ein Schein der Zeit erzeugt werden kann[36], bleiben alle Ereignisse erhalten. Die Gedächtnisenergie schafft sozusagen eine Gedächtnisspur durch diese Ereignisse, so dass das Wesen seine Erinnerungen erkennen und bewahren kann. Ohne dieses persönliche Gedächtnis wäre kein Eigensein möglich. Die Erinnerungen werden im Laufe der Zeit immer mehr in die Ewigkeitsperspektive gerückt, so dass sie einen Goldglanz erhalten, was viele Menschen bereits an dem Schatz ihrer Kindheitserinnerungen erleben.

Die Instinktenergie gibt dem Wesen die Möglichkeit, alles Erlernte automatisch ausführen zu können, so dass es keine Aufmerksamkeit mehr darauf zu richten braucht und sich anderen Dingen zuwenden kann. Wenn ein Mensch z.B. eine fremde Sprache lernt, dann muss er sich anfänglich die Worte, die Aussprache und die grammatikalischen Formen mühsam einprägen, bis er sie schließlich so handhaben kann, dass er die Sprache mühelos beherrscht. Wenn dieser Punkt erreicht ist, haben sich *Talentkerne*[37] gebildet, von denen – mit Hilfe der Instinktenergie – die im Gehirn automatisch ablaufenden Prozesse oder *Automatfunktionen* ausgelöst werden. Die Talentkerne bilden sich im Überbewusstsein, so dass sie dem Menschen auch im nächsten Leben zur Verfügung stehen und dabei weiter verbessert werden können. Allerdings müssen auch diese mitgebrachten Talente im nächsten Leben erst wieder eingeübt werden. Doch geht dieses Einüben wesentlich schneller vonstatten als ohne mitgebrachte Talentkerne.

Die Schwereenergie stellt das Wesen ganz auf die eigenen Füße, so dass es sich gegenüber seiner Umwelt behauptet. Gleichzeitig schließt sie das Wesen von allen anderen Wesen ab, denn sie wirkt in ihm als reiner Selbstbehauptungswille.[38]

Polar zu den genannten drei unteren Energien wirken die drei oberen Energien: die Gefühlsenergie, die Intelligenzenergie und die In-

---

[36] Der Schein der Zeit entsteht dadurch, dass die vergangenen Ereignisse verschwinden, d. h. vergessen werden.
[37] Ausdruck von Martinus
[38] In der physischen Welt wirkt die Schwereenergie als Explosionsenergie.

tuitionsenergie. Sie verbinden das Wesen mit allem, mit dem es in Berührung kommt.

Mit der Gefühlsenergie erlebt das Wesen seine Umwelt. Allen Wahrnehmungen liegt die Gefühlsenergie zugrunde. Im gegenwärtigen Menschen wird die Gefühlsenergie durch die Schwereenergie gebremst, da wir noch das Tierreich repetieren.[39] Durch unseren starken Selbstbehauptungswillen bleiben wir mit unseren Sinnesempfindungen an der Oberfläche stehen und dringen nicht in das Wahrgenommene ein. In Zukunft wird aber die Gefühlsenergie immer stärker und die Schwereenergie entsprechend schwächer werden. Dadurch verändern sich die Sinnesempfindungen, und wir dringen mit ihnen immer tiefer in alles ein, was uns begegnet, und erleben unsere Umwelt mit.

Mit der Gefühlsenergie erleben wir die Einzelheiten, denen wir begegnen. Mit der Intelligenzenergie stellen wir sie dann in einen Gesamtzusammenhang, so dass wir verstehen, was wir erleben, und wir das Ganze in unser Bewusstsein aufnehmen können.

Durch die Intuitionsenergie können wir uns mit jeder Wahrnehmung identifizieren, so dass wir sie sind. Mit den drei oberen Energien wird die durch den Selbstbehauptungswillen oder die Schwereenergie errichtete Trennung von der Welt wieder aufgehoben.

3.9 Der Kreislauf von der Geburt bis zur Wiedergeburt ist ein Abbild des kosmischen Spiralkreislaufs.

Im Kosmos von Martinus finden wir überall fraktale Strukturen. Damit sind Strukturen gemeint, die sich auf allen Ebenen wiederholen. Eine fraktale Struktur ist beispielsweise die Struktur Gottes aus dem universellen Ich (X1), dem Schöpfungsvermögen (X2) und dem Erschaffenen, dem All (X3). Nach dieser Struktur ist auch jedes Wesen aufgebaut. Eine andere fraktale Struktur, die sich bei jedem Wesen jeder Daseinsebene wiederholt, ist, dass es Glied in einem Makrowesen ist und dass sein Leib aus Mikrowesen aufge-

---

[39] siehe die Abschnitte 3.9 und 3.10

3. Alle Wesen durchlaufen sechs Daseinsebenen... 49

baut ist oder dass es in einem Zwischenkosmos lebt mit einem Makrokosmos über sich und einem Mikrokosmos unter sich. Auch der Durchgang durch die sechs Daseinsreiche ist eine fraktale Struktur, die sich in immer kleiner werdenden Zeitabläufen in verwandelter Form wiederholt. Die allgemein bekannteste kleinste Struktur ist der Tageslauf. Auch der Tag verläuft von der mitternächtlichen Finsterniskulmination zur Kulmination des Lichtes am Mittag und von dort wieder zurück zur Mitternacht.

Die gleiche Struktur zeigt der Jahreslauf – jedenfalls in den gemäßigten Breiten –, bei dem die Kälte und Finsternis im Winter und die Wärme und das Licht im Sommer kulminieren mit den entsprechenden Übergängen des Frühlings und des Herbstes dazwischen.

Martinus zeigt in seinem Werk, dass auch der Wiederverkörperungskreislauf des Menschen von der Geburt durch den Tod bis zur Wiedergeburt ein Abbild des großen kosmischen Kreislaufs ist.

Bei dem Wiederverkörperungskreislauf werden von der Zeugung bis etwa zum 30. Lebensjahr Entwicklungsstadien in vorherigen Leben repetiert. Dann setzt das Wesen seine Entwicklung dort fort, wo es im letzten Leben endete und führt sie bis zum Tode weiter. Nach dem Tode durchläuft es die zukünftigen Reiche in einer Art Vorwegnahme der zukünftigen Lebensformen.

Das Pflanzenstadium wird in den ersten Stadien der Embryonalzeit repetiert, wenn aus der befruchteten Eizelle eine brombeerähnliche Gestalt entsteht, die sich zu teilen beginnt. Darauf folgt die Repetition des Tierreiches, während der der Embryo vorübergehend sogar eine fischähnliche Gestalt annimmt. Dass es im Fruchtwasser schwimmt, ist ja ohnehin gegeben.

Während der frühen und späten Kinderjahre werden die Inkarnationen in der Naturmenschenzeit und den Anfängen der Zivilisation repetiert. Die Repetitionen sind immer kürzer, je weiter sie zurückliegen. Die Repetition der letzten Inkarnation geschieht in den letzten Zwanzigerjahren, die der vorletzten etwa in der Mitte und die der drittletzten Inkarnation am Anfang der Zwanzigerjahre. Martinus hat zu den Zeitpunkten nur ungenaue Angaben gemacht, weil die vermutlich individuell stark schwanken.

Nach dem Tode betritt der Mensch, nachdem er seine Anhaftungen an das Erdenleben abgestreift hat, als Gast das wahre Menschenreich und die anderen höheren Reiche, an denen er – je nach seinem Entwicklungsstand – mehr oder weniger bewusst teilnehmen kann. Vom Seligkeits- oder Gedächtnisreich aus verbindet er sich dann wieder erneut mit einer befruchteten Eizelle.

3.10 Jedes Wesen bildet in seinem Durchgang durch ein Daseinsreich den Spiralkreislauf ab. Es ist nicht an ein bestimmtes Makrowesen gebunden.

Ehe die Menschen mit ihrer Entwicklung als Menschen begannen, hatten sie eine Entwicklung als Tier durchlaufen. Diese Entwicklung fand aber nicht auf der Erde – als dem Makrowesen der Menschen – statt, denn *sie waren eine andere Tierart oder Rasse als die Wesen, die wir heute Tiere nennen.*[40]

Das war möglich, weil nach Martinus kein Wesen an ein bestimmtes Makrowesen gebunden ist, sondern jedes Wesen eine individuelle Entwicklung durchläuft. Es wird immer von dem Makrowesen angezogen, in dessen Naturreichen es seine Entwicklung fortführen kann. Nach Martinus setzten in den vergangenen Jahrtausenden höher entwickelte Menschen ihre Entwicklung auf höher entwickelten Planeten anderer Sonnensysteme fort, weil ihnen die Erde noch nicht die Entwicklungsmöglichkeiten bieten konnte, die sie brauchten. Ebenso gingen sehr primitive Menschen, deren Rasse heute auf der Erde ausgestorben ist, vor Jahrtausenden zu niedriger entwickelten Planeten über. Wenn ein Wesen zu einem höheren oder niedrigeren Planeten übergeht, inkarniert es in den ihm entsprechenden Wesensformen, die dort bestehen. Die Menschen, die sich am Anfang der Menschheit mit der Erdentwicklung verbanden, inkarnierten in einer Vorläuferform des heutigen Menschen, die auch die Vorläuferform der heutigen Menschenaffen ist.

Bei Martinus liest man, dass der Mensch *aus einer höheren Welt als das schlafende Lichtwesen auf die physische Ebene*

---

[40] LB7, Ziffer 2484

3. Alle Wesen durchlaufen sechs Daseinsebenen... 51

kam[41]. Dieser Mensch ist der in der Bibel Adam genannte Mensch vor der Erschaffung Evas. Er lebte noch im Paradies außerhalb des tötenden Prinzips, von dem das Tierreich bestimmt ist, und repetierte sein früheres Dasein im Pflanzenreich. Die höhere Welt, aus der er kam, ist das Seligkeits- oder Gedächtnisreich, mit dem er seine Entwicklung durch die Tierspirale abgeschlossen hatte.

In der Bibel lesen wir weiter, dass dann Eva aus Adams Rippe erschaffen wurde. Dieses Bild bedeutet, dass der androgyne doppelpolige männlich-weibliche Mensch sich in zwei Menschen aufspaltete, in den männlichen Adam und die weibliche Eva. Nachdem Eva Adam von der verbotenen Frucht der Erkenntnis des Guten und des Bösen kosten ließ, wurden sie aus dem Paradies vertrieben und waren damit Menschen, die das Tierreich repetierten.

Heute befinden wir uns nach Martinus am Ende dieser Epoche, wenige Jahrtausende vor dem Übergang fast der gesamten Menschheit zum *wahren Menschenreich*[42]. In der Übergangszeit werden bereits immer mehr Menschen dazu erwachen und kosmisch bewusst werden.

In der Epoche des wahren Menschenreichs findet der Mensch dann die Erfüllung, für die er angelegt ist. Der wahre Mensch wird sich nach Martinus genauso sehr vom Tier unterscheiden wie das Tier von der Pflanze.

Nach einer Übergangszeit, in der er noch von Müttern geboren wird, wird der wahre Mensch sein Erdenleben damit beginnen, dass er seinen Körper materialisiert, und damit enden, dass er ihn wieder dematerialisiert. Er wird sich auch mühelos an jeden Ort – auch auf andere Himmelskörper – versetzen und dort materialisieren und wieder dematerialisieren können.

Martinus macht keine Zeitangaben zu der Länge dieser Epoche. Da aber die Zeit des Menschen, in der er das Tierreich repetierte, Millionen Jahre währte, nehme ich an, dass diese eigentlich menschliche Epoche noch länger dauern wird.

Darauf folgen noch zwei Epochen, in denen der Mensch an den Bewusstseinsstufen des Weisheitsreiches und der göttlichen Welt

---

[41] LB6, Ziffer 2107
[42] Ausdruck von Martinus

teilnehmen wird, ehe er in der Bewusstseinsstufe des Seligkeits- oder Gedächtnisreiches auf seine Entwicklung durch die gesamte Spirale des Menschenreiches zurückschauen kann. Obwohl er kosmisches Bewusstsein hat, kann er diese Bewusstseinsstufen über dem Menschenbewusstsein nur teilnehmend durchlaufen. Um sie selbst aktiv hervorzubringen, muss er sein Bewusstsein von unten her ganz neu aufbauen, und er muss die Finsternis noch mehr vertiefen, um das größere Licht dieser Bewusstseinsstufen auch erschaffen zu können.

Diese Entwicklung wird bei dem späteren Durchleben des Weisheitsreiches, der göttlichen Welt und des Seligkeitsreiches stattfinden. Auch während der Entwicklung im Seligkeits- oder Gedächtnisreich werden die vergangenen Daseinsebenen repetiert. Dabei wird das Bewusstsein des Wesens so umgeschaffen, dass es in diesem letzten Daseinsreich, dem Seligkeits- oder Gedächtnisreich, die Entwicklung durch alle sechs Daseinsreiche erinnern kann.

Auch das Tierreich hat – wie das Pflanzenreich – während seiner bisherigen Entwicklung auf der Erde manche Umwandlungen erfahren. Die Tiere werden aber *niemals Erdenmenschen mit derselben Form wie die jetzt lebenden Erdenmenschen werden, da auch diese Form zu jener Zeit verschwunden und durch neue und schönere Körperformen abgelöst wird.*[43] Nur der gegenwärtige Mensch ist wahrer Mensch im Embryonalzustand, nicht das Tier. Das muss erst alle sechs Abschnitte seines Kreislaufs durchlaufen haben, ehe es in einem neuen Kreislauf zum Menschen umgeschaffen wird.

Wenn der Mensch in das wahre Menschenreich eintritt, werden sich auch die übrigen Naturreiche verwandeln, da sie innerhalb ihrer Daseinsebene ebenfalls an der Bewusstseinsstufe des Menschen teilnehmen. Die Tiere werden dann vom tötenden Prinzip abkommen, und es wird auch keine giftigen Tiere und Pflanzen mehr auf der Erde geben.[44]

---

[43] LB1, Ziffer 286
[44] IC, Kapitel 4, Ziffer 91

Wie die Menschen und Tiere gehen auch alle anderen Wesen in ihrem jeweiligen Daseinsreich durch sechs Abschnitte, in denen man den großen kosmischen Spiralkreislauf erkennt.

3.11 Anmerkungen zur Geheimwissenschaft im Umriss von Rudolf Steiner aus der Sicht der Geisteswissenschaft von Martinus.

Etwas mit den Spiralkreisläufen Vergleichbares liegt in Rudolf Steiners[45] *Geheimwissenschaft im Umriss* vor. Ein Vergleich der Geisteswissenschaften von Steiner und Martinus ist aber nicht einfach, weil sie unterschiedlicher Begriffe benutzen. Das Begriffssystem von Steiner ist aus der Theosophie, dem Christentum und der esoterischen Überlieferung entwickelt, während Martinus ein eigenes Begriffssystem benutzt, das sich im Ausgangspunkt auf naturwissenschaftlichen Vorstellungen stützt, die er dann zum Geistigen hin weiterentwickelt hat.

Zwischen Steiner und Martinus gibt es sehr interessante Verbindungen, auf die ich in meinem ersten Martinusband ausführlich eingegangen bin. Einer der ersten bedeutenden Förderer von Martinus war Bernhard Løw, der auch den ersten Band des *Livets Bog* (Buch des Lebens) finanzierte. Bernhard Løw war Leiter der Anthroposophischen Gesellschaft Dänemarks gewesen und von Rudolf Steiner auf das zu erwartende Wirken von Martinus aufmerksam gemacht worden, den Løw dann drei Jahre nach Steiners Tod kennenlernte. Im Hause von Bernhard Løw und im Kreis seiner anthroposophischen Freunde begann das öffentliche Wirken von Martinus. Vorher hatte er nur in einem kleinen intimen Freundeskreis gesprochen.

Interessant ist auch, dass Steiner in Vorträgen auf einen zu erwartenden Weltlehrer hinwies, dessen Wirken und Bewusstseinsverwandlung er so beschrieb, dass die Beschreibung weitgehend für Martinus zutrifft.[46] Auch diesen Punkt habe ich in meinem ersten Martinusband genauer dargestellt.

---

[45] 1861-1925
[46] Nicht zutreffend ist Rudolf Steiners Aussage, dass der Weltlehrer in jedem Jahrhundert inkanrniert ist. Martinus hat nämlich gesagt, dass er lange Zeit nicht inkarniert war.

Generell kann man sagen, dass Martinus immer die ganz großen Gesetzmäßigkeiten im Auge hat, die er in immer neuen Varianten darstellt – ohne dabei genauer ins Detail zu gehen. Wie er selbst sagte, hat er von dem, was er wusste, nur das mitgeteilt, was die Menschheit unbedingt wissen muss, um sicher durch die bevorstehenden Klippen beim Übergang vom heutigen Erdenmenschen im Tierreich zum wahren Menschen hindurchschiffen zu können. In der Zukunft würden nach und nach immer mehr Menschen zum kosmischen Bewusstsein erwachen und dann das ausfüllen, was er offen gelassen hat.

Rudolf Steiner war ganz anders veranlagt. Sein Riesenwerk (ca. 350 Bände) ist von einer geradezu akribischen Detailgenauigkeit.

Mir scheint, dass Rudolf Steiner mit seiner Arbeit eigentlich den Boden für das Wirken von Martinus bereiten sollte. Das trat aber nur in dem kleinen Kreis um Bernhard Løw ein. Ansonsten konnten die beiden Bewegungen nicht zusammenfinden. Martinus konnte sein Wissen nicht in der komplizierten Begrifflichkeit von Steiners Anthroposophie darstellen. Damit hätte er sein eigentliches Publikum – die Materialisten, die sich aus allen kirchlichen oder spirituellen Überlieferungen gelöst haben – nicht erreichen können, ganz abgesehen davon, dass er dazu ein Studium der Anthroposophie hätte aufnehmen müssen. Und die Anthroposophen konnten das, was Steiner sie gelehrt hatte, bei Martinus nicht wiederfinden.

Im Folgenden möchte ich aber auch auf einen grundlegenden Unterschied in der Sichtweise von Martinus und Steiner eingehen:

In der *Geheimwissenschaft im Umriss* beschreibt Steiner die vergangene und zukünftige Entwicklung der Erde und ihrer Lebewesen. Er schaut auf drei vergangene planetare Verkörperungen der Erde zurück und sieht in ihnen die Keime zu drei zukünftigen Verkörperungen der Erde. Diese insgesamt sieben planetaren Verkörperungen nennt er nach okkulter Überlieferung den alten Saturn, die alte Sonne, den alten Mond, die Erde, den zukünftigen Jupiter, die zukünftige Venus und den zukünftigen Vulkan. Zwischen diesen sieben Verkörperungen liegt immer ein sogenanntes Pralaya. Pralaya ist eine Sanskritbezeichnung für einen Zustand, in dem die Welt nicht in Erscheinung tritt, sondern nur geistig, d. h. in

3. Alle Wesen durchlaufen sechs Daseinsebenen... 55

Erinnerungen, besteht. Das Pralaya entspricht dem Seligkeits- oder Gedächtnisreich bei Martinus.

Außerdem skizziert Steiner die fortschreitende Entwicklung unseres Sonnensystems während dieser sieben Erdverkörperungen. Bei der Schilderung der verschiedenen Erdverkörperungen geht Steiner nicht nur auf die Entwicklung der Erde und des Menschen ein, sondern auch auf die Entwicklung des Mineralreiches, des Pflanzenreiches und des Tierreiches. Außerdem beschreibt er die Entwicklung der Angeloi, Archangeloi und Archai – die den Geistern des Weisheitsreiches, der göttlichen Welt und des Seligkeits- oder Gedächtnisreiches bei Martinus entsprechen –, worauf ich hier aber nicht näher eingehen möchte, da das den Rahmen dieser kurzen Betrachtung sprengen würde. Ferner geht Steiner auf das Wirken der schöpferischen Hierarchie der Seraphim, Cherubim und Throne (erste Hierarchie) und der Kyriotetes, Dynamis und Exusiai (zweite Hierarchie) ein.[47]

Während jeder Erdverkörperung geht die Erde durch die sechs bzw. sieben Daseinsreiche – wenn man das Mineralreich, das Martinus zum Seligkeits- oder Gedächtnisreich rechnet, als eigenes Reich berücksichtigt –, was ich hier ebenfalls nicht darstellen kann, da es mir nur darum geht, dem Leser eine annähernde Vorstellung von Rudolf Steiners *Geheimwissenschaft* zu vermitteln, um dann den Zusammenhang der sieben Erdverkörperungen mit dem Spiralkreislauf aufzeigen zu können.

Während des alten Saturns bestand die Erde nur aus einem mineralischen Wärmezustand unterschiedlicher Temperaturen.[48] In diesem mineralischen Wärmezustand bildeten sich die Anlagen zum physischen Leib des Menschen, dessen Bewusstsein sich noch in der geistigen Welt befand (im Seligkeits- oder Gedächtnisreich nach Martinus). Diese Anlagen zum Menschenleib, die sich damals herausbildeten, haben aber keine Ähnlichkeit mit dem heutigen physischen Leib. Sie ähnelten einem Ei.

Während der nächsten planetaren Verkörperung der Erde, der alten Sonne, verdichtete sich diese zu einem luftförmigen Zustand

---

[47] Das Wirken der Hierarchien habe ich im Abschnitt 2.9 besprochen.
[48] Auch Martinus rechnet die Wärme und das Licht zum Mineralreich.

und begann zu leuchten. Die gegenwärtige Erdenmenschheit durchlebte damals das Pflanzenreich, allerdings in völlig anderen Formen und Stoffen als die gegenwärtigen Pflanzen. In dieser Zeit entwickelten sich auch die Anlagen zum physischen Leib der Tiere.

Es folgte die alte Mondenentwicklung, in der sich die Erde zu einem halblebendigen zähflüssigen Zustand verdichtete und die gegenwärtige Erdenmenschheit das Tierreich durchlebte. Gleichzeitig durchlebten die gegenwärtigen Tiere das Pflanzenreich, und es bildeten sich die physischen Anlagen der heutigen Pflanzen.

Die gegenwärtige Verkörperung der Erde ist dann der Planet, auf dem die Menschheit das Menschenreich durchläuft.

Am Ende der letzten Phase der jetzigen Erdentwicklung, der Phase des Gedächtnisreiches, tritt wieder ein Mineralreich nach außen, das die Grundlage der nächsten Erdverkörperung, des zukünftigen Jupiters, bildet. Auf diesem entwickelt sich der Mensch zum Angeloi oder Weisheitswesen. Darauf folgen noch die zukünftige Venusentwicklung, durch die sich der Mensch zum Archangeloi oder zum göttlichen Wesen und die Vulkanentwicklung, durch die er sich zum Archai oder zum Gedächtniswesen entwickelt.

Der Kreislauf von sieben Erdverkörperungen, der in der *Geheimwissenschaft* beschrieben wird, entspricht der von Martinus beschriebenen Organismusspirale der Menschenentwicklung. Davor lagen die Organspirale, die Zellspirale und die Stoffspirale. Auf die Organismusspirale folgen die Himmelskörperspirale, die Sonnensystemspirale und die Galaxienspirale. Während der Mensch in seiner Organismusspirale durch die sieben Daseinsreiche geht, geht auch die Erde in ihrer Himmelskörperspirale entsprechend durch sieben Daseinsreiche und entwickelt dabei ein mineralisches, pflanzliches, tierisches, menschliches Stadium usw.

Soweit kann man von einer Entsprechung der *Geheimwissenschaft* Steiners mit der Organismusspirale von Martinus sprechen. Verfolgt man jetzt die *Geheimwissenschaft* im Einzelnen, dann bemerkt man aber, dass Steiner die Spiralkreisläufe und das Leben der Wesen in Wesen nicht bekannt waren.

Durch dieses Nichtwissen kommt Steiner zu ganz anderen Vorstellungen von der Entwicklung der Wesen als Martinus. Er schaute z. B. bestimmte Engelwesen (auch Angeloi genannt, Martinus nennt sie Wesen des Weisheitsreiches), die in ihrer Spirale an dem Übergang vom Tierreich zum Menschenreich sind. Weil Steiner nicht bekannt war, dass sich jedes Wesen in jedem Daseinsreich wieder durch die Finsternis entwickelt, nahm er an, dass diese Wesen in der vergangenen alten Mondenentwicklung ihr Entwicklungsziel nicht erreichten und sich nicht zum Menschen entwickelt hatten. Er sieht sie auf der Erde als ‚böse' Wesen wirken, die eine ganz andere Kraft und Intelligenz haben als der Mensch, weil sie von einer höheren Hierarchie sind. Allerdings können sie nur über die Verführung wirken, da sie – ebenso wie die Archangeloi und die Archai – keinen physischen Körper haben, sondern in der geistigen Welt leben.

In gleicher Weise schaute er Archangeloi (Martinus nennt sie Wesen der göttlichen Welt) auf der Stufe des Übergangs vom Tierreich zum Menschenreich. Von ihnen nahm er an, dass sie in ihrer Entwicklung seit der alten Sonne stehen geblieben waren, als sie sich damals durch das Menschenreich entwickelten. Da sie zwei Stufen über dem Menschen stehen, ist ihre Kraft und Intelligenz natürlich noch stärker als die der ‚zurückgebliebenen' Angeloi.

Als Drittes schaute er dann Archai (Wesen des Seligkeits- oder Gedächtnisreiches) ebenfalls auf der Stufe des Übergangs vom Tierreich zum Menschenreich, von denen er annehmen musste, dass sie in ihrer Entwicklung seit dem alten Saturn stehen geblieben waren. Da sie zu der über den Archangeloi stehenden Hierarchie gehören, übertrifft ihre Kraft des Bösen natürlich auch noch die der Archangeloi.

Alle diese geistigen, anscheinend zurückgebliebenen Wesen sah Rudolf Steiner in zwei verschiedenen Arten auftreten: weltflüchtig oder die Welt beherrschend. Die weltflüchtigen Wesen nannte er luziferische Wesen, die weltbeherrschenden ahrimanische Wesen. Die Aufspaltung der Wesen hängt m. E. damit zusammen, dass sie bei ihrem Durchgang durch die Finsternis von doppelpoligen zu einpoligen Wesen werden.[49]

---

[49] siehe Kapitel 5

In der *Geheimwissenschaft* Rudolf Steiners gibt es noch eine andere gravierende Abweichung von Martinus' Anschauungen, die m. E. ebenfalls damit zusammenhängt, dass Steiner die Spiralkreisläufe nicht kannte. Er war nämlich der Auffassung, dass die Menschheit bereits während der atlantischen Zeit, die vor etwa 10.000 Jahren endete, die Mitte ihrer Entwicklung erreicht hatte. Er glaubte, dass sie sich gegenüber ihrer Entwicklung während der alten Mondenzeit nur um eine halbe Stufe weiterentwickelt habe und die andere halbe Stufe erst während der Jupiterzeit entwickeln werde. Dagegen ist Martinus der Auffassung, dass sich die Menschheit während der atlantischen Zeit noch in der Repetition des Tierreichs befand und sich erst in den kommenden zwei Jahrtausenden in das wahre Menschenreich hinüber entwickeln wird.

3.12 Die Individualität ist eine vorübergehende Erscheinung. Wesen vereinigen sich und bilden ein umfassenderes Bewusstsein.

Wie ich bereits dargestellt habe, wird jedes Wesen von dem ewigen Begehren getrieben, sein in ihm liegendes Potenzial zu entfalten. Wenn es etwas manifestiert und erlebt hat, dann empfindet es nach einer kürzeren oder längeren Zeit – je nachdem, wie lange es das Neue ersehnt und angestrebt hatte – das Ungenügende des Erschaffenen und Erlebten und möchte es weiterentwickeln, um seine ganze in ihm liegende Fülle zu manifestieren und zu erleben. Das kann es aber nur in einem unendlich scheinenden zeitlichen Prozess, in dem es in Spiralkreisen Metamorphosen von der Pflanze zum Tier, zum wahren Menschen, zum Weisheitswesen, zum Wesen der göttlichen Welt und zum Gedächtniswesen durchläuft. Diese Metamorphosen vollzieht es auf so unterschiedlichen Spiralen wie der Stoffspirale, der Zellspirale, der Organspirale, der Organismusspirale, der Himmelskörperspirale, der Sonnensystemspirale und der Galaxienspirale.

Unsere gegenwärtige Individualität kann dabei nur eine vorübergehende Erscheinung sein, die aus anderen Bewusstseinsformen entstand und von anderen Bewusstseinsformen abgelöst werden wird. Wir sind also keine Individualität, die ewig erhalten bleibt,

3. Alle Wesen durchlaufen sechs Daseinsebenen... 59

sondern die Individualität ist nur eine vorübergehende erschaffene Erscheinung. Wir sind ein Strom ewigen Lebenserlebens, der von sich selber weiß. Dieser Strom des Lebenserlebens hat keinen Anfang und kein Ende. Er ist so dauernd wie das Universum selbst. Durch das göttliche Ich, aus dem er entspringt, ist er mit allen Wesen verbunden, denn die Trennung der Wesen voneinander ist nur ein Schein.

Wie sich kleine Flüsse zu einem großen Strom vereinen, vereinen sich Tausende bis Millionen Atome zu Molekülen, und diese bilden Zellen mit einem umfassenderen Bewusstsein. Millionen bis Milliarden Zellen vereinen sich dann wieder zu einem Organ mit dessen neuem Bewusstsein. Die Organe vereinen sich weiter zu einem Organismus, sei es dem einer Pflanze, eines Tieres oder eines Menschen. Und die Naturreiche (das Mineralreich, das Pflanzenreich und das Tierreich) vereinen sich mit den geistigen Reichen (das Menschenreich, das Weisheitsreich und die göttliche Welt) zu dem umfassenderen Bewusstsein der Erde. Von dort geht das Zusammenströmen dann weiter zu dem Bewusstsein eines Sonnensystems, einer Milchstraße und des Milliarden Milchstraßen umfassenden Milchstraßensystems.

Verlieren wir nicht unsere Identität, unser Ichbewusstsein, wenn wir uns so mit anderen Wesen zu einem neuen Wesen mit einem umfassenderen Bewusstsein verbinden? –

Keineswegs, denn die Identität, die wir als unser persönliches Ich erleben, ruht auf zwei Grundlagen: Da ist als Erstes das universelle Ich, mit dem wir verbunden sind. Dieses universelle Ich garantiert uns die Ewigkeit unserer Existenz, weil es selbst ewig und nicht zeitlich ist. Und zum anderen ist da der Erinnerungsstrom, der uns den Zusammenhang unseres Lebenserlebens erkennen lässt. Dieser Erinnerungsstrom geht bei dem Zusammenschluss mit einem anderen Wesen nicht verloren, sondern wird um die Erinnerungen des anderen Wesens erweitert.

Wenn ein Wesen vom Tierreich zum wahren Menschenreich aufsteigt, dann erwacht in ihm die Liebe zum Nächsten. Diese Liebe ist die Sehnsucht, sich mit dem Nächsten zu einem umfassenderen Wesen zu verbinden. Sie ist die treibende Kraft in diesem universellen Prozess.

3.13 Alle Wesen sind mit Mikro- und Makrowesen ihres Entwicklungsabschnittes verbunden.

Wie bereits dargestellt, sind wir für die Organe unseres Körpers das Makrowesen, in dessen Naturreichen sie leben, wie die Erde für uns das Makrowesen ist, in dessen Naturreichen wir leben. Auf der anderen Seite sind wir aber auch auf unsere Mikrowesen angewiesen. Ohne ihr Lebenserleben hätten auch wir kein Lebenserleben. Was die Zellen eines Organs erleben, fassen die Organe als ihr Lebenserleben zusammen, und unser Lebenserleben ist wiederum eine Zusammenfassung des Erlebens unserer Organe.

Während das Makrowesen die Grundelemente seines Erlebens von den Mikrowesen erhält, hält das Makrowesen die Mikrowesen am Leben, indem es sie mit den Naturreichen und ihren Schätzen versorgt. Bei dem Makrowesen Mensch bestehen die Naturreiche seiner Mikrowesen z. B. aus den verschiedenen Organen, aber auch aus dem Nahrungsstrom oder dem warmen Blutstrom. Als Gegenleistung für das Bereitstellen ihrer Lebensumgebung versorgen die Mikrowesen das Makrowesen mit ihrem Lebenserleben, von dem das Makrowesen aber immer nur eine Zusammenfassung von dem erlebt, worauf seine Aufmerksamkeit ruht.

Manchmal zwingen die Mikrowesen dem Makrowesen auch ihr Lebenserleben auf. Das ist der Fall, wenn sie z. B. Hunger oder Durst, Schmerz, Hitze oder Kälte usw. erleben. Dann bemüht sich das Makrowesen, dem Leiden seiner Mikrowesen abzuhelfen. Martinus sagt daher, dass die Makrowesen die Beschützer der Mikrowesen sind, denn nur wenn das Leben ihrer Mikrowesen harmonisch verläuft, können auch die Makrowesen gesund und glücklich sein.

Dieses Zusammenspiel von Makrowesen und Mikrowesen kann nur funktionieren, wenn beide die gleiche Schwingung haben. Wenn z. B. das Makrowesen eine friedliche, milde Mentalität hätte und seine Mikrowesen hätten eine kriegerische, explosive Mentalität, dann würden die Mikrowesen das Makrowesen mit einem Lebenserleben versorgen, dass nicht zu ihm passt und das Makrowesen würde alles tun, um das Lebenserleben seiner Mikrowesen zu

3. Alle Wesen durchlaufen sechs Daseinsebenen... 61

unterdrücken. Der Organismus wäre nicht lebensfähig und würde sterben.

Es kann aber auch sein, dass Makrowesen und Mikrowesen zusammenpassen und das Makrowesen dann eines Tages andere Wege geht. Es kann z. B. alkoholsüchtig werden. Da das Makrowesen stärker ist als die Mikrowesen, müssen diese den Alkoholismus mitmachen. Nun bestehen die Organe aus Zellen, die laufend ausgewechselt und erneuert werden. Bei diesem Zellwechsel werden dann Zellwesen angezogen, die ebenfalls auf ihrer Ebene alkoholsüchtig sind. Das ruft die Abhängigkeit der Alkoholsüchtigen hervor, denn von den Mikroorganismen der Zellen wird das Begehren nach Alkohol hervorgerufen. Bei einer Entwöhnung ist der Betreffende erst dann wieder Herr seines Körpers, wenn so viele seiner alkoholsüchtigen Zellen ausgewechselt worden sind, dass er dem abgeschwächten Begehren ohne großen Willensaufwand standhalten kann.

Wie bereits gesagt, sind wir Menschen Lebenseinheiten des Gehirnorgans der Erde, das von der gesamten Menschheit gebildet wird. Die Erde ist ein Wesen, das sich wie wir – auf ihrer Planetenspirale – ebenfalls am Übergang vom Tierreich zum Menschenreich, also vom Planeten im Tierreich zum Planeten im Menschenreich, befindet. Wir haben also die gleiche Schwingung wie die Erde. Dass noch viele Menschen sehr weit von diesem Übergang entfernt sind, stört nicht, da der Übergang der Erde zum kosmischen Bewusstsein ein Prozess ist, der sich bei dem langsamen Zeitablauf des Erdwesens über Jahrtausende erstreckt.

Nun gehört aber nicht nur die Menschheit zu den Organen der Erde, sondern auch das Tierreich, das Pflanzenreich und das Mineralreich, genauso wie zu unseren Organen nicht nur das Gehirn, das Herz oder das Auge gehören, sondern auch der Magen, das Muskelgewebe oder die Haare, die auf der Organebene dem Tierreich, dem Pflanzenreich und dem Mineralreich entsprechen. Können sich die anderen Naturreiche auch auf dem Übergang vom Tierreich zum wahren Menschenreich befinden?

Diese Frage löst sich dadurch, dass jedes Daseinsreich auch wieder aus sechs Abschnitten besteht, die dem Spiralkreislauf entsprechen. Wie der Mensch während der Erdentwicklung die pflanzliche und tierische Entwicklung bewusstseinsmäßig repetiert, ehe er wahrer Mensch werden kann und danach an den höheren Reichen teilnimmt, so entwickeln sich auch die Tiere und Pflanzen durch sechs Entwicklungsabschnitte hindurch. Wir wissen aus der Geologie und der Paläontologie, der Lehre von den ausgestorbenen Tier- und Pflanzenarten, dass sich in den Naturreichen in der Vergangenheit gewaltige Änderungen vollzogen haben.

Daher sagt Martinus für das kommende Menschenreich auch eine Veränderung des Tierreiches und des Pflanzenreiches voraus. Die Raubtiere, stechenden Insekten und giftigen Pflanzen werden aussterben und neue Tier- und Pflanzenarten entstehen. Das setzt natürlich voraus, dass die Populationen innerhalb der Arten zukünftig auf andere Art als durch die Raubtiere begrenzt werden. Nach den Aussagen des amerikanischen Mediums Edgar Cayce[50] werden auch auf der Oberfläche der Erde große Veränderungen stattfinden.

Wie es Menschen aller möglichen Entwicklungsstufen gibt, gibt es auch Planeten aller möglichen Entwicklungsstufen. Martinus versichert, dass der größte Teil der heute lebenden Menschen, auch die Menschen der Naturvölker, den zukünftigen Übergang zum Menschenreich vollziehen können, weil die noch sehr primitiven Menschenformen längst ausgestorben sind. Die Menschen aber, die auf der Erde auch heute noch am Anfang ihrer Entwicklung als Mensch im tierischen Entwicklungsabschnitt stehen, werden zu anderen Planeten in anderen Sonnensystemen wechseln, die ihnen die benötigten Entfaltungsmöglichkeiten bieten.

Im Universum gibt es immer alle Entwicklungsstufen gleichzeitig. Was ein Wesen im Verlaufe unendlicher Zeiten erlebt, erscheint im gegenwärtigen Moment gleichzeitig nebeneinander und besteht ewig, aber ewig von immer neuen Wesen durchlaufen und sich ewig wandelnd.

---

[50] Carter, Mary Ellen: Prophezeiungen in Trance

3. Alle Wesen durchlaufen sechs Daseinsebenen... 63

3.14 Wesen vom gleichen Entwicklungsabschnitt bilden einen Makroorganismus von der Stoffspirale bis zur Galaxienspirale. Kontinuierlich lösen sich Teile des physischen Kosmos auf und kontinuierlich entstehen neue Welten.

Alle Wesen gehen von der Zellspirale bis zur Galaxienspirale durch jeweils sechs Daseinsreiche, von denen jedes Daseinsreich in sechs Entwicklungsabschnitte unterteilt ist, die zusammen auch wieder ein Abbild des großen kosmischen Spiralkreislaufs sind. Vergangene Bewusstseinsstufen werden in diesen Abschnitten repetiert, ehe die eigentliche Bewusstseinsstufe des Daseinsreiches durchlebt werden kann. Danach nimmt das Wesen an zukünftigen Bewusstseinsstufen der Spirale teil.[51] Dabei ist jedes Wesen immer mit Mikro- und Makrowesen des gleichen Entwicklungsabschnittes verbunden. Denn sonst könnte das Zusammenspiel zwischen Makrowesen und Mikrowesen nicht funktionieren.

Wir Menschen befinden uns gegenwärtig innerhalb unseres Daseinsreiches – dem Menschenreich – im Übergang vom Menschen im Tierreich zum Menschen im Menschenreich. Auch unsere Organwesen, Zellwesen und Stoffwesen befinden sich in ihrem jeweiligen Daseinsreich in diesem Entwicklungsabschnitt. Im gleichen Entwicklungsabschnitt befinden sich auch unsere Makrowesen: die Erde, das Sonnensystem und unsere Milchstraße.

Da das Pflanzenreich und Tierreich ebenso wie das Weisheitsreich, die göttliche Welt und das Seligkeits- oder Gedächtnisreich Organe im Körper der Erde sind, müssen auch sie sich im gleichen Entwicklungsabschnitt befinden, sonst könnten sie ihre Erlebnisse nicht an die Erde weitergeben, denn sie würden nicht dem Entwicklungsstand der Erde entsprechen, und im Körper der Erde nicht das zu ihnen passende Umfeld finden können. So sind beispielsweise die gegenwärtigen Tiere in dem Entwicklungsabschnitt, der von den Tieren im Tierreich zu den Tieren im wahren Menschenreich übergeht.

Alle diese Wesen, von den Wesen der sechs Daseinsreiche in der Stoffspirale bis zu den Wesen der sechs Daseinsreiche in der

---

[51] siehe Abschnitt 3.10

Galaxienspirale, bilden einen Makroorganismus, in dem sich alle Wesen am gleichen Entwicklungsabschnitt des Übergangs vom Tierreich zum wahren Menschenreich befinden.

Die verschiedenen Wesen dieses Kosmos leben unterschiedlich lange auf der physischen Ebene, ehe sie erneut inkarnieren. Wir können uns vorstellen, dass ihre unterschiedlichen Lebenszeiten in etwa ihren unterschiedlichen Größenverhältnissen entsprechen. Folglich entwickeln sie sich auch unterschiedlich schnell. Das ist möglich, weil der Kosmos ein Gesamtorganismus ist, in dem sich alle Wesen frei bewegen und jedes Wesen jeweils von dem Makrowesen angezogen wird, das seinem Entwicklungsabschnitt entspricht.[52]

Ist eine solche unendliche Verwobenheit alles Geschehens überhaupt vorstellbar? – Vorstellbar sicherlich nicht, weil wir uns das Unendliche nicht vorstellen können. Aber denkbar ist eine solche Verwobenheit schon. Wir wissen heute, dass der menschliche Körper aus über 50 Billionen Zellen besteht, in denen pro Sekunde über 1000 Stoffwechselvorgänge ablaufen[53], die so aufeinander abgestimmt sind, dass sie in der Embryonalzeit, Kindheit und Jugend diesen Organismus von 50 Billionen Zellen aufbauen. Danach wirken die 50 Trillionen Stoffwechselvorgänge (1000 mal 50 Billionen = 50.000.000.000.000.000) pro Sekunde so zusammen, dass sie unserem Leben, dienen und den Organismus aufrechterhalten.

Einen physischen Körper manifestieren die Wesen des Seligkeits- oder Gedächtnisreiches, des Pflanzenreiches, des Tierreiches und des wahren Menschenreiches. Die Wesen des Seligkeits- oder Gedächtnisreiches manifestieren ihn allerdings erst im letzten Teil dieses Entwicklungsabschnittes, wenn die Instinktenergie und die Schwereenergie bei ihnen so stark angewachsen sind, dass das Mineralreich entsteht. Auf der anderen Seite nehmen im letzten Teil

---
[52] siehe Abschnitt 3.10
[53] Bruce H. Lipton: Wie Erfahrungen unsere Gene steuern

des wahren Menschenreiches die Instinktenergie und die Schwereenergie wieder so stark ab, dass die Menschen ganz in die geistige Welt hinüber gehen und sich nicht mehr physisch verkörpern. Vom etwa letzten Drittel des Seligkeits- oder Gedächtnisreiches bis zum etwa letzten Drittel des wahren Menschenreiches dauert der halbe Spiralkreislauf, in dem die Wesen einen physischen Leib manifestieren.

Wesen des wahren Menschenreiches, die sich nicht mehr physisch verkörpern und in die geistige Welt hinübergehen, gibt es in allen Spiralen von der Stoffspirale bis zur Galaxienspirale. Bei diesem Übergang muss sich also ein ganzer Makroorganismus von Galaxien, Sonnensystemen und Himmelskörpern mit ihren Bewohnern auflösen. Das geschieht aber nicht plötzlich, sondern als stetiger Prozess, weil alle Wesen die Spiralen kontinuierlich durchlaufen, also immer neue Wesen an dem Punkt ankommen, ab dem sie sich nicht mehr physisch manifestieren.

Diese Wesen durchlaufen dann in der geistigen Welt den Rest des wahren Menschenreiches, das Weisheitsreich, die göttliche Welt und das Seligkeits- oder Gedächtnisreich. Im letztgenannten Reich leben sie nur noch in ihren Erinnerungen ohne äußerlich wahrnehmbar zu sein. Erst am Ende der Erinnerungsperiode wird von ihnen die Mineralwelt manifestiert. Durch diese sich erneut manifestierende Mineralwelt entstehen unablässig neue Welten, während sich gleichzeitig an anderen Orten des Kosmos Welten auflösen.

3.15 Kehrt auch die Bewegung der Wesen durch den Spiralkreislauf der Daseinsebenen zu ihrem Ausgangspunkt zurück?

Wenn jedes Wesen in einem Zwischenkosmos mit einem Makrokosmos über sich und einem Mikrokosmos unter sich lebt, stellt sich die Frage: Wie ist das dann bei den Wesen der Stoffspirale, den Atomen und Molekülen? Haben sie auch noch einen Mikrokosmos unter sich, sozusagen einen Mikro-Mikrokosmos? Und wie ist es mit dem Universum als Ganzem? Hat es noch einen Makro-Makrokosmos über sich?

Beide Fragen werden von Martinus bejaht. Nach seiner Sicht ist jedes Atom ein Sonnensystem, dessen Planeten unseren Planeten mit ihren Naturreichen entsprechen. In dieser Mikro-Mikrowelt innerhalb eines Atoms stößt man schließlich an der untersten Spirale auch wieder auf Atome, die wiederum die Sonnensysteme eines Mikro-Mikro-Mikrouniversums sind. Diese Mikro-Universen setzen sich unendlich fort.

In gleicher Weise setzt sich der Kosmos von Martinus nach oben unendlich fort. Die Sonnensysteme, Galaxien und Galaxiensysteme sind die Struktur der Materie einer darüber liegenden Makro-Makrowelt, deren Sonnensysteme, Milchstraßen und Milchstraßensysteme dann wieder die Materiestruktur einer nochmals darüber liegenden Makro-Makro-Makrowelt bildet, was sich dann unendlich fortsetzt, also ohne je ein Ende zu finden.

Ich habe mich in meinem zweiten Martinusband ausführlich mit dieser Frage auseinandergesetzt[54] und gezeigt, dass die Atome nicht die Sonnensysteme eines darunter liegenden Kosmos sein können, weil sie ganz anders aufgebaut sind als ein Sonnensystem.

Martinus konnte sich mit seinem kosmischen Bewusstsein in jeden Mikro- oder Makroraum versetzen. An einigen Stellen seines Werkes beschreibt er die Eindrücke, die ein kosmisch bewusster Mensch hat, wenn er sich in die Welt der Atome versetzt.[55] Danach ergibt sich die Wahrnehmung von Weltsystemen und Himmelskörpern, auf denen sich Leben entfaltet, wie wir es von unserer Welt her kennen.

Martinus hat aber auch ausgeführt, dass im Kosmos jede Bewegung zu ihrem Ausgangspunkt zurückführt. Die Bewegung der Wesen durch den Spiralkreislauf würde aber nicht zu ihrem Ausgangspunkt zurückkehren, sondern sich ewig in immer riesiger werdenden Spiralen fortsetzen.

Martinus erklärte ferner, dass sich das Unendliche nicht im Endlichen abbilden könne. Das wäre aber der Fall, wenn die Universen sich in den Mikrokosmos und den Makrokosmos unendlich fortsetzen würden.

---

[54] im Abschnitt 5.6
[55] LB6, Ziffer 2114, 2116 und 2275

3. Alle Wesen durchlaufen sechs Daseinsebenen... 67

Es ist daher naheliegend, anzunehmen, dass die oben beschriebene Wahrnehmung von Martinus aus der atomaren Welt dadurch hervorgerufen worden sein kann, dass auch die Bewegung der Wesen durch den Spiralkreislauf wieder zu ihrem Ausgangspunkt zurückkehrt und die Stoffspirale als Mineralwelt von der Galaxienspirale manifestiert wird, wenn Galaxien das Seligkeits- oder Gedächtnisreich durchlaufen und ihre Energien sich zum Schluss des Durchgangs wieder nach außen wenden. Martinus hätte dann in der atomaren Welt nicht die Sonnensysteme und Galaxien eines Mikro-Mikro-Kosmos geschaut, sondern die unseres eigenen Kosmos. Geht man davon aus, dass Martinus in diesem Fall seine kosmischen Intuitionen nicht richtig in Begriffe aus der physischen Welt übersetzen konnte, dann stellt sich die Frage, wie man sich das vorstellen könnte, wenn die Galaxienspirale in die Stoffspirale übergehen würde, womit die Stoffspirale dann die Makrospirale der Galaxienspirale wäre?

Machen wir uns zunächst klar, dass alle Größenverhältnisse die Vorstellungen von Wesen sind. Nach Martinus gibt es keinen objektiven Raum, in dem wir uns zusammen mit unseren Mikro- und Makrowesen wie der Erde, dem Sonnensystem, der Milchstraße und dem gesamten Kosmos befinden. Sondern es gibt nur Wesen, die sich einen Raum vorstellen. Diese Wesen leben so ineinander, wie ich es in der vergangenen Abschnitten dargestellt habe.

Jedes Wesen stellt sich Wesen, die umfassender sind als es selbst – also Makrowesen – in einem ausgedehnten Raum vor. Je umfassender die Makrowesen sind, je ausgedehnter ist der vorgestellte Raum. Entsprechend werden die Mikrowesen in einem immer kleiner werdenden Raum vorgestellt. Da wir Menschen alle in dem gleichen Makrowesen Erde leben, haben wir auch die gleichen Raumvorstellungen.

Wenn das Universum in seiner ungeheuren (aber nur vorgestellten) Ausdehnung wieder in die Stoffspirale übergehen würde, dann hätte jedes Atom sozusagen das ganze Universum in sich. Das wäre etwas, was im Rahmen der Denkmöglichkeiten der Quantenphysik liegt.[56]

---

[56] siehe Ulrich Warnke: Quantenphilosophie und Spiritualität, S. 152

Was für den Raum gilt, gilt auch für die Zeit. Auch die Zeit ist eine Vorstellung des Bewusstseins vor dem Hintergrund einer ewigen Dauer. In dem Bruchteil einer Sekunde ist die Ewigkeit ebenso enthalten wie in der zeitlichen Ausdehnung von Milliarden Jahren.

In einer zum Ausgangspunkt zurückkehrenden Spirale gäbe es keinen bevorrechtigen oder benachteiligten Punkt. Wo sich ein Wesen auch immer befinden würde, es hätte bei sieben Spiralen drei Makrospiralen über sich und drei Mikrospiralen unter sich. Jeder Punkt in jeder Spirale würde dann immer auf das Ganze wirken. Was z. B. in einer Zelle geschieht, hätte dann Rückwirkungen auf den gesamten Kosmos. Auch das liegt noch innerhalb der Denkmöglichkeiten der Quantenphysik. Natürlich ist es nicht anschaulich vorstellbar, obwohl es denkbar ist, weil unser Vorstellen an Raum und Zeit gebunden ist. Es vermittelt aber eine Ahnung von der Ewigkeit des Spiralkreislaufs.

Denkt man den Spiralkreislauf durch die Daseinsebenen so, dass er in sich zurückläuft, dann bildet er auch wieder einen Spiralkreislauf aus sechs bzw. sieben Daseinsreichen.

Das unterste Daseinsreich wäre die Stoffspirale. Sie entspricht dem Mineralreich. Während sie erscheint, befinden sich die Wesen, die vorher die Galaxienspirale durchlaufen haben, im Seligkeits- oder Gedächtnisreich. Sie haben kein Bewusstsein von der Stoffspirale. Die Stoffe sind zwar Ausdruck dahinterstehender Wesen – der Wesen im Gedächtnisreich –, bleiben aber selbst völlig unbewusst.

Die Zellspirale entspräche dann dem Pflanzenreich. Ihre Mikrowelt bestünde aus der Stoffspirale, der Galaxienspirale und der Sonnensystemspirale, während ihre Makrowelt aus Wesen der Organspirale, der Organismusspirale und der Himmelskörperspirale bestünde.

In gleicher Weise entspräche die Organspirale dem Tierreich, die Organismusspirale dem Menschenreich, die Himmelskörperspirale dem Weisheitsreich, die Sonnensystemspirale der göttlichen Welt und die Galaxienspirale dem Seligkeits- oder Gedächtnisreich. Auch diese Spirale würde sich ständig heben, weil in die Stoffspirale die Erlebnisse der Wesen der Galaxienspirale einflössen und sich die Stoffe dadurch ständig verwandeln würden. Da

3. Alle Wesen durchlaufen sechs Daseinsebenen...

die Stoffe wiederum die Ausgangspunkte der Erlebnisse der Zellwesen in den darüber liegenden Spiralen sind, würden sich die Erlebnisse der Wesen unablässig verwandeln, da sie von der Stoffspirale gespeist werden, in die immer die Erfahrungen der letzten Weltepoche einfließen würden.

4. Die kosmische Ordnung und die Freiheit der Wesen

4.1 Die Naturgesetze sind automatisch ablaufende Funktionen von Makrowesen.

Die Frage, warum die Naturgesetze gerade so sind, wie sie sind, und nicht anders, wird in der Regel nicht gestellt. Im Allgemeinen wird angenommen, dass die Naturgesetze ewig gültig sind und im gesamten Universum gelten. Ist das aber wirklich der Fall und wenn ja, warum?

Man könnte auch die Frage stellen, warum die Naturerscheinungen überhaupt den Naturgesetzen folgen? Kann ein geistiges Prinzip wie ein Naturgesetz das Verhalten einer materiellen Erscheinung bestimmen? Anscheinend ja, aber wie funktioniert das?

Auf diese Fragen gibt Martinus eindeutige und ungewohnte Antworten:

Die Naturgesetze beziehen sich auf die materiellen Erscheinungen. Materie besteht aus Schwingungen, und Schwingungen werden immer von Wesen erzeugt.

Jedes Wesen ist Mikrowesen in einem Kosmos von Makrowesen über sich, lebt zusammen mit anderen Wesen in einem Zwischenkosmos um sich und hat Mikrowesen unter sich, auf deren Lebenserleben auch sein Lebenserleben beruht. In diesem Wesenszusammenhang sind, wie bereits ausgeführt, immer die Makrowesen für die Mikrowesen bestimmend.

Daher sind Naturgesetze für die Mikrowesen alles, was im Lebenserleben der Makrowesen automatisch erfolgt und für die Mikrowesen bindend und vorhersehbar ist.

Für die Mikrowesen der Erde, also die Menschen, Tiere und Pflanzen, sind die Ausbreitung des Lichtes, die Anziehungskraft der Erde, das Gefrieren des Wassers bei 0°C, der Wechsel von Tag und Nacht, der Wechsel der Jahreszeiten usw. Naturgesetze, an die sie gebunden sind.

Für die Organe des Menschen sind der Pulsschlag, der Blutkreislauf, die relative Konstanz der Körpertemperatur oder die Ein-

4. Die kosmische Ordnung und die Freiheit der Wesen

und Ausatmung Naturgesetze, denen sie folgen müssen. Daneben sind auch für sie Naturgesetze bindend, die von Makrowesen über dem Menschen stammen, wie z. B. die Anziehungskraft der Erde, der sie ja auch unterworfen sind.

Für die Mikrowesen der Erde verläuft aber nicht alles innerhalb des Erdorganismus naturgesetzlich. Neben den streng naturgesetzlich geregelten Bewegungen gibt es auch willkürliche Bewegungen wie Erdbeben, Vulkanausbrüche, Klimaschwankungen oder Kontinentalverschiebungen, die von der Erde ausgelöst werden. Ebenso gibt es auch innerhalb unseres Körpers willkürliche Bewegungen, denen unsere Mikrowesen ebenso ausgesetzt sind wie z. B. die Beschleunigung des Pulsschlages, die Verstärkung oder Verminderung des Blutdrucks oder das Schwanken der Körpertemperatur.

Was unterscheidet jetzt eine naturgesetzlich ablaufende Bewegung von einer willkürlich ablaufenden Bewegung?

Ursprünglich sind alle Bewegungen willkürlich, erklärt Martinus. Bestimmte Bewegungen werden aber so oft wiederholt, dass sie zum Schluss automatisch ablaufen. Dann werden sie nicht mehr willkürlich vom Bewusstsein des Wesens ausgeführt, sondern unwillkürlich von seinem Unterbewusstsein oder Instinkt. Solche Bewegungen nennt Martinus Automatfunktionen. Diese Automatfunktionen der Makrowesen sind für die Mikrowesen Naturgesetze.

Man kann das sehr gut am Beispiel eines Klavierspielers erklären. So lange der Spieler noch ungeübt ist, muss er jede Bewegung bewusst ausführen. Allmählich beherrscht er das Instrument immer besser, und schließlich greifen seine Hände automatisch in die richtigen Tasten, wenn er die Noten liest oder die Melodie innerlich hört. Damit ist das Umsetzen der Notenschrift und der musikalischen Empfindungen in Fingerbewegungen zu einer Automatfunktion geworden, und die Mikrowesen im Körper des Klavierspielers erleben diese Automatfunktionen als Naturgesetze.

Jedes Mikrowesen lebt in einem Makrowesen, das es mit unzähligen Mikrowesen teilt. Da jedes Makrowesen individuell ist, ist auch das Umfeld der Mikrowesen individuell. Das Umfeld der Mikrowesen eines Konzertpianisten sieht teilweise ganz anders aus als das Umfeld der Mikrowesen eines Leistungssportlers. Daneben gibt es aber auch Bereiche, in denen sich die „Naturumgebung" der Mikrowesen des Pianisten und des Leistungssportlers gleichen. Das kommt daher, weil beide Makrowesen Menschen sind, die zur Menschheit und damit zum Gehirnorgan der Erde gehören.

So stehen auch wir als Menschen in unserem Makrowesen Erde zugleich in Zusammenhang mit dem Makrowesen des Sonnensystems und dem Makrowesen unserer Milchstraße, vermutlich auch noch mit Strukturen, von denen unsere Milchstraße nur ein winziger Teil ist.

Folglich gibt es Naturgesetze, die wir mit allen Bewohnern des Universums teilen, dann solche, die nur für unsere Milchstraße gelten, solche, die nur für unser Sonnensystem gelten, und solche, die nur für die Erde gelten. Hier eröffnet sich ein unbegrenztes zukünftiges Forschungsfeld.

4.2 Jede Wahrnehmung gibt die Perspektive des Wahrnehmenden wieder. Dieses Perspektivprinzip bestimmt auch unsere Wahrnehmung des Makro- und des Mikrokosmos.

Die Wissenschaftler streben nach objektiven Wahrnehmungen. Sie versuchen, bei ihren Forschungen alle subjektiven Einflüsse auszuschalten, um so zu einem objektiven, von allen Menschen nachvollziehbaren und technisch nutzbaren Ergebnis zu kommen, das sie als Naturgesetz formulieren.

Wie Martinus die Naturgesetze sieht – nämlich als Automatfunktionen von Makrowesen –, habe ich gerade dargestellt. Er hat aber auch zur Wahrnehmung eine ganz andere Sicht als die gegenwärtige Wissenschaft. Eine objektive Wahrnehmung kann es nach seiner Auffassung überhaupt nicht geben. In der Wahrnehmung kommt nämlich immer die Perspektive des Wahrnehmenden zur Welt zum Ausdruck. Diese Perspektive *ist* die Wahrnehmung. Ohne eine bestimmte Perspektive einzunehmen, könnte gar nichts wahrgenommen werden. Diese Auffassung begründet Martinus folgendermaßen:

4. Die kosmische Ordnung und die Freiheit der Wesen 73

Alle Wahrnehmungen werden von uns gleichzeitig manifestiert und erlebt. Wenn unser Bewusstsein sie nicht manifestieren würde, könnten wir keine Sinneseindrücke wie Farben oder Töne erleben. Und wenn wir sie nicht erleben würden, wüssten wir nichts von ihnen, was ja oft genug geschieht, wenn wir eine Wahrnehmung nicht beachten.

Damit wir etwas manifestieren und erleben können, muss unser Überbewusstsein ein Ungleichgewicht zwischen den sechs Energien herstellen.[57] Dieses Ungleichgewicht zeigen dann natürlich auch alle hervorgebrachten Manifestationen und Erlebnisse.

Wenn wir etwas wahrnehmen, nehmen wir das Verhältnis wahr, das wir zu dem haben, was wir wahrnehmen. Das heißt, wir nehmen die Welt aus unserer bestimmten Perspektive wahr, aus unserem speziellen Ungleichgewicht. Würden wir das nicht tun, würden wir gar nichts wahrnehmen können, denn ohne Ungleichgewicht lässt sich nichts wahrnehmen, weil sich die polaren Energien dann gegenseitig aufheben. Bei einer Aufhebung des Ungleichgewichts befindet man sich nicht mehr in X3, der Wahrnehmungswelt, sondern in X1, dem Absoluten. Diese Grundlage allen Wahrnehmens nennt Martinus *das Perspektivprinzip*.

Weil allen Wahrnehmungen die Perspektive des jeweiligen Wesens zugrunde liegt, verändert sich die Wahrnehmung, wenn das Wesen seine Position auf dem Spiralkreis verändert, insbesondere, wenn es in ein anderes Daseinsreich übergeht. Weil sich die gegenwärtig wissenschaftlich tätigen Menschen ungefähr auf der gleichen Position im Spiralkreislauf befinden, nehmen sie in etwa die gleiche Perspektive ein und können sich von daher auf eine wissenschaftlich gültige Aussage einigen. Geniale Außenseiter müssen oft Jahrzehnte, manchmal sogar Jahrhunderte warten, bis ausreichend viele andere Wissenschaftler auf dem Spiralkreislauf so viel weiter gerückt sind, dass sie ihre Perspektive teilen und damit ihre Entdeckungen annehmen können.

Das Perspektivprinzip bezieht sich insbesondere auf die Bewertung des Wahrgenommenen. Jedes Wesen hat ein Begehren, das

---

[57] siehe Abschnitt 3.6

es zu zukünftigen neuen Manifestationen und Erlebnissen führt. Diese Manifestationen und Erlebnisse erscheinen ihm in einem positiven Licht. Es empfindet sie als gut und anstrebenswert. Manifestationen und Erlebnisse, die es überwunden hat, die hinter ihm liegen oder aus denen es sich lösen möchte, erscheinen ihm dagegen in einem negativen Licht. Es empfindet sie als schlecht und lehnt sie ab, bekämpft sie vielleicht.

Die gegenwärtigen Wahrnehmungen erscheinen in einem farbigen Licht. Das, was wir bereits durchlebt haben und jetzt ablehnen, empfinden wir als schwarz und finster und das, was in der angestrebten Zukunft liegt, als hell und licht. Wesen, die sich in dem Entwicklungsgang vor uns befinden, sehen dasjenige farbig, von dem wir noch geblendet sind. Dagegen empfinden sie unsere farbige Welt als Finsternis. Die farbige Erlebnisskala verschiebt sich also mit der Entwicklung. Die überwundene Vergangenheit wird in der Dunkelheit zurückgelassen, während sich die Farben in das vor einem liegende Weiß hineinschieben.

Das Perspektivprinzip bezieht sich auch auf das Wahrnehmen der Makro- und der Mikrowesen. Je weiter sie von unserem Entwicklungspunkt entfernt sind, desto kleiner scheinen sie zu sein. Das wird deutlich an der ungeheuren Kleinheit der Zellen, von denen unser Körper ja je nach Größe und Gewicht 50 bis 100 Billionen hat. Und von dort geht es dann bei den Molekülen und Atomen nochmals in viel kleinere Dimensionen.

Auch die Welt der Makrowesen, der Himmelskörper, der Sonne, der Milchstraße und der Galaxien nehmen wir ungeheuer klein wahr, wenn wir die realen Größenverhältnisse berücksichtigen, von denen wir durch die Forschung wissen. Alle Größenverhältnisse sind also immer durch die Perspektive bestimmt, auch in unserem Zwischenkosmos, in dem uns die fernen Berge klein erscheinen und der nahe Erdhügel groß.

Es geht Martinus nicht darum, das Perspektivprinzip zu überwinden und eine objektive Wahrnehmung anzustreben, sondern darum, verständlich zu machen, dass es prinzipiell keine objektive Wahrnehmung geben kann, weil alles Wahrnehmen auf dem Per-

4. Die kosmische Ordnung und die Freiheit der Wesen 75

spektivprinzip beruht und man ohne eine bestimmte Perspektive gar nicht wahrnehmen könnte.

Beim Wahrnehmen gibt es eine persönliche und ein allgemeine Perspektive. Die persönliche Perspektive beruht auf den Lebenserfahrungen des jeweiligen Wesens und die allgemeine Perspektive auf dem Daseinsreich, in dem es sich befindet. Ein Tier hat eine andere Perspektive als ein Mensch und damit auch andere Wahrnehmungen. Je nach dem Stand auf der Entwicklungsspirale gibt es zwischen den Tieren auch wieder völlig unterschiedliche Perspektiven und damit Wahrnehmungswelten. Im gleichen Maße wie sich die Perspektive eines Hundes von der einer Spinne unterscheidet, unterscheiden sich auch ihre Wahrnehmungswelten.

Während sich beim Menschen die persönliche Perspektive von Inkarnation zu Inkarnation ändern kann, ändert sich seine allgemeine Perspektive nur langsam während er sich vom Naturmenschen zum Zivilisationsmenschen entwickelt. Eine völlige Verwandlung tritt dagegen ein, wenn ein Mensch zum kosmischen Bewusstsein erwacht und damit die Welt aus der Perspektive eines anderen Daseinsreiches wahrnimmt.

4.3 Der Eindruck von Stoffen entsteht durch unscharfe makrokosmische Wahrnehmungen.

Wie ich bereits ausgeführt habe, sind wir so mit unseren Mikrowesen verbunden, dass die Erlebnisse der Mikrowesen in unser Bewusstsein dringen und wir daraus unser Erleben aufbauen. Wir erhalten von ihnen die Grundelemente unseres Erlebens. Dafür geben wir ihnen in unserem Körper die Umwelt, in der sie leben können.[58]

Es ist für uns nicht möglich, die Erlebnisse unserer Zellen unmittelbar wahrzunehmen. Noch weniger ist es möglich, wahrzunehmen, was auf der atomaren Ebene geschieht. Diese verschiedenen Ebenen sind so miteinander verbunden, dass das Geschehen auf der jeweils unteren Ebene von der darüber befindlichen Ebene als Ganzes wahrgenommen wird.

---

[58] siehe Abschnitte 3.2 und 3.3

Dieses, was als Ganzes wahrgenommen wird – als Farbe, Ton, Geschmack usw. –, setzt sich aus zahllosen Einzelheiten zusammen, die nicht mehr wahrnehmbar sind, wie ein entfernter Wald nur noch als Wald erkannt werden kann, ohne dass die einzelnen Bäume zu sehen sind.

Der Eindruck von Stoff, den die mineralische Welt vermittelt, also z. B. von Silber oder Quarz, beruht auf den Schwingungen unzähliger Atome, deren bestimmte Art des Zusammenschwingens wir als Einheit erfassen. Geht man mit dem Elektronenmikroskop bis in die Einzelheiten der atomaren Welt, dann löst sich der Stoffeindruck völlig auf, und es bleibt nur ein ungeheuer leerer Raum mit einem Zentrum in der Mitte. Auch dieses Zentrum ist nur eine Konzentration von Schwingungen, denen keinerlei Substanz zugrunde liegt.

Martinus führt aus, dass das menschliche harmonische oder disharmonische Zusammenschwingen von unserem Makro-Ich, der Erde, ebenfalls als Stoff wahrgenommen wird. So werden die Religionsgemeinschaften von der Erde als Stoff wahrgenommen, auch die Völker und Stämme, ebenso das Zusammenwirken in Firmen, Gewerkschaften oder politischen Parteien usw.

Wir können uns keine Vorstellungen von der Stoffwahrnehmung unserer Makrowesen machen, weil die Wahrnehmungen immer von den unteren Ebenen, also den Mikrowesen und nicht den Makrowesen, stammen. Letzten Endes geht jede Wahrnehmung auf die atomare Welt zurück. Von oben, von unseren Makrowesen, empfangen wir keine Wahrnehmungen, sondern die Strukturen, innerhalb derer wir leben, also die naturgesetzlichen Zusammenhänge. Darum sind die Wesen des Weisheitsreiches, der göttlichen Welt und des Gedächtnisreiches für uns wahrnehmungslos, d. h. unsichtbar.

4.4 Alle automatischen Funktionen unseres Organismus werden von Talentkernen ausgelöst, die einmal durch willkürliches Einüben gebildet wurden.

Martinus betont immer wieder, dass es eine Torheit sei, zu glauben, irgendetwas könnte von alleine entstehen. Wenn schon Ge-

4. Die kosmische Ordnung und die Freiheit der Wesen 77

brauchsgegenstände wie ein Hocker oder ein Radioapparat nicht von alleine entstehen können, wie sollte dann eine Pflanze, ein Tier oder ein Mensch von alleine entstehen können? Das Problem wird auch nicht dadurch gelöst, dass man auf die millionenjährige Evolution verweist. Dadurch wird es nur in einen unbestimmten Nebel getaucht.

Martinus macht auch immer darauf aufmerksam, dass jedes Wesen selbst der Schöpfer seiner Organe und seines Lebenserlebens ist. Wie kann das bei einer Pflanze oder einem Tier möglich sein, denen doch völlig die Fähigkeit fehlt, einen schöpferischen Prozess in Gang zu bringen? Auch beim Menschen ist das nicht denkbar, jedenfalls nicht in Bezug auf den Aufbau und die Funktion seiner Organe.

Um den Prozess verstehen zu können, müssen wir uns zunächst erinnern, dass nach Martinus nicht die Pflanze, das Tier oder der Mensch, so wie wir sie vor uns sehen, die Schöpfer ihrer Organe und ihres Lebenserlebens sind, sondern ihr mit dem universellen Ich verbundenes Überbewusstsein.

Die Körper, ihre Organe und Zellen werden nach Plänen geschaffen, die in sogenannten *Talentkernen* im Überbewusstsein gespeichert sind und dann bei dem Aufbau und der Funktion der Körper automatisch ablaufende Prozesse auslösen. Diese Talentkerne wurden in der vergangenen Spirale ausgebildet. Wie das funktioniert, können wir uns folgendermaßen vorstellen:

Jede unserer Bewegungen hinterlässt Spuren im Ewigkeitskörper des Überbewusstseins. Wenn eine Bewegung oft genug wiederholt wird, wird sie zu einer Automatfunktion der Instinktenergie. Diese Automatfunktion wird als Talentkern im Ewigkeitskörper abgespeichert.[59] Durch diesen Talentkern kann dann die Bewegung automatisch ausgelöst werden, so dass keine Aufmerksamkeit mehr auf sie verwendet werden muss. Das ist das grundsätzliche Prinzip, das uns zunächst einmal einen Anhaltspunkt geben kann, in welche Richtung wir weiter denken müssen.

So wie ein begabter Musiker seine Musikalität als Talentkern aus einem vergangenen Leben mitgebracht hat, können wir uns

---
[59] siehe Abschnitt 3.8

vorstellen, dass alle Funktionen unseres Organismus, unserer Organe und unserer Zellen – wozu auch der Aufbau und der Abbau gehören – einmal so lange willkürlich eingeübt worden sind, bis sie automatisch ausgeführt werden können.

4.5 Unsere Organe werden von Talentkernen aufgebaut, die wir in der vorigen Spirale gebildet haben. Sie ziehen Organwesen an, deren Talentkerne in einem automatischen Prozess die Zellen aufbauen.

Martinus unterscheidet zwischen der ewigen Struktur und der vergänglichen Erscheinung. Die ewige Struktur besteht aus dem Überbewusstsein mit dem universellen Ich (X1) und dem individuellen Schöpfungsvermögen (X2); die vergängliche Erscheinung besteht aus dem Erschaffenen (X3). Martinus erklärt aber gleichzeitig, dass die Unterscheidung zwischen X1, X2 und X3 nur eine gedankliche ist. In der Realität treten die drei immer zusammen auf. Keine der drei Größen kann für sich sein, obwohl X2 aus X1 hervorgeht und X3 aus X2, so dass X1 die eigentliche Realität ist.

Das bedeutet, dass in ihrer Gesamtheit und in ihren stets wechselnden Formen auch die erschaffene Welt ewig sein muss und dabei die ewige Struktur des Überbewusstseins abbildet, denn X1, X2 und X3 bilden ja eine ewige Einheit.

Wenn auch die erschaffene Welt in ihrer Gesamtheit und Struktur ewig ist, dann gab es die sieben Spiralen von der Stoffspirale bis zur Galaxienspirale mit ihren jeweils sieben Daseinsebenen – wenn man das Mineralreich als eigene Daseinsebene rechnet – schon immer, und es wird sie immer geben. Es ist sinnlos, nach ihrer Entstehung zu fragen, weil das Ewige keinen Anfang haben kann, denn dann wäre es nicht mehr ewig.

Wir leben jetzt in dem dritten Reich der Organismusspirale, dem Menschenreich. Vorausgegangen sind das Pflanzenreich und das Tierreich, die wir in dieser Spirale bereits durchlaufen haben. Das Mineralreich bildete den Übergang von der vorangegangenen Spirale, denn als es erschien, waren wir am Ende des Seligkeits- oder Gedächtnisreiches der vorhergehenden Spirale angekommen. In

4. Die kosmische Ordnung und die Freiheit der Wesen 79

dem Menschenreich befinden wir uns wiederum am Ende der Repetition des Tierreiches.

Ehe wir vor Milliarden von Jahren mit dem Kreislauf durch die Organismusspirale begannen, hatten wir durch vermutlich ebenfalls Milliarden von Jahren die Organspirale durchlaufen. Dabei bildeten wir die Talentkerne für den Aufbau unserer Organe aus. Was geschieht jetzt, wenn wir als Menschen geboren werden?

Zunächst werden wir von der Erde angezogen, weil sie uns die Entwicklungsmöglichkeiten bietet, die wir suchen. In der Regel werden wir uns aber bereits durch unsere vergangenen Inkarnationen in ihrem geistigen Mikroorganismus befinden. Danach werden wir zu den geeigneten Eltern gezogen, bis wir uns dann mit dem befruchteten Ei verbinden können.

Als wir die Organspirale durchliefen, bildeten wir die Talentkerne für den Aufbau unserer Organe aus, von denen jetzt die Organe unseres Körpers in automatischen Prozessen aufgebaut werden. Die Talentkerne rufen die in der befruchteten Eizelle und den Vervielfältigungen dieser Zelle gespeicherten Gene auf und lösen per Epigenetik[60] die notwendigen Aufbauprozesse aus.

Von den sich aufbauenden Organen werden die zu uns passenden Organwesen angezogen. Für diese Organwesen sind die von unseren Talentkernen zum Aufbau der Organe ausgelösten Automatfunktionen Naturgesetze, nach denen ihr Organismus aufgebaut und in Funktion gehalten wird.

Die Organwesen haben wiederum in ihrer vorhergehenden Spirale – als sie Zellwesen waren – die Talentkerne zum Aufbau von Zellen ausgebildet, von denen jetzt in einem automatischen Prozess die Zellen aufgebaut, von denen die passenden Zellwesen angezogen werden, für die wiederum die Automatfunktionen der Organe Naturgesetze sind.

---

[60] siehe dazu Peter Spork: *Der zweite Code*

4.6 Unser Organismus wird von Talentkernen der Erde aufgebaut. Wir entwickeln in dieser Spirale die Talentkerne für einen neuen Organismus, den wir in der nächsten Spirale unseren Mikrowesen zur Verfügung stellen.

Aus der vergangenen Spirale haben wir die Talentkerne zum Aufbau von Organen mitgebracht, die wir dort ausgebildet hatten. Unser Körper besteht aber nicht nur aus Organen, sondern er ist ein zusammenhängender Organismus, womit die äußere Gestalt und das Zusammenspiel aller Organe zu einem höheren Ganzen gemeint sind. Daraus ergibt sich die Frage, woher die Talentkerne stammen, aus denen unser Organismus aufgebaut wird.

Mir ist dazu keine Antwort von Martinus bekannt. Aus der Logik seiner Darlegungen ergibt sich aber, dass die Talentkerne für unseren Organismus in der vergangenen Spirale von unserem Makrowesen, der Erde, aufgebaut worden sein müssen.

Die Organwesen sind unsere nächsten Mikrowesen. Sie inkarnieren in Organen, deren Talentkerne wir – ihr Makrowesen – in unserer vergangenen Spirale ausgebildet hatten. Ebenso inkarnieren die Zellwesen in Zellen, deren Talentkerne die Organwesen in ihrer vergangenen Spirale aufgebaut hatten. Folglich inkarnieren wir in Organismen, deren Talentkerne unser Makrowesen – also die Erde – in ihrem vorigen Spiralkreislauf aufgebaut hatte, denn es ist ja immer das Makrowesen, das die Talentkerne für den Aufbau des Körpers (Organismus, Organ oder Zelle) ausgebildet hat, in dem das Mikrowesen inkarniert. Unser Körper oder Organismus wird also von Talentkernen der Erde aufgebaut, unsere Organe werden von unseren Talentkernen aufgebaut und die Zellen der Organe von Talentkernen der Organe.

Die Organismen sind in dieser Spirale Organe der Erde – die Organismen der Menschen bilden ihr Gehirnorgan –, so dass also die Erde aus ihrer Sicht in der vorigen Spirale auch ihre Talentkerne zum Aufbau von Organen ausgebildet hat.

Wie die Erde in der vergangenen Spirale die Talentkerne für unseren Organismus ausbildete, bilden wir in dieser Spirale die Talentkerne für die Organismen aus, in denen in der nächsten Spirale unsere jetzigen Organwesen leben werden.

4. Die kosmische Ordnung und die Freiheit der Wesen

Die Ausbildung dieser Talentkerne beginnt bereits in der Gegenwart. Sie geschieht, indem wir in dem uns zur Verfügung gestellten Organismus besondere Fähigkeiten entwickeln. Wie das geschieht, lässt sich an dem bereits benutzten Beispiel des Klavierspielers gut erklären:

Der Klavierspieler greift beim Lernen des Klavierspielens auf den menschlichen Organismus zurück, der von den Organismustalentkernen der Erde aufgebaut wurde. Beim Einüben des Klavierspielens erwirbt er neue Organismustalente, nämlich das Talent, seine verschiedenen Organe – das Gehör, das Gehirn, die Augen, die Hände, die Arme, den Rücken, die Beine, die Füße usw. so zusammenwirken zu lassen, dass er das Klavierspielen als automatischen Prozess beherrscht. In vergleichbarer Weise werden alle persönlichen Talente erworben und in neuen Organismustalentkernen festgehalten, die uns bei unseren zukünftigen Inkarnationen zur Verfügung stehen und den ererbten Organismus dann so verändern, dass er Ausdruck unserer Individualität ist.

Daraus wird folgender Zusammenhang deutlich: Von den Wesen jeder Spirale werden die Talentkerne für die betreffende Spirale ausgebildet. Von den Wesen der Organismusspirale werden Talentkerne zum Aufbau von Organismen, von den Wesen der Organspirale Talentkerne zum Aufbau von Organen und von den Wesen der Zellspirale Talentkerne zum Aufbau von Zellen ausgebildet. Mit diesen Talentkernen bauen sie dann in der nächsten Spirale Organismen, Organe und Zellen auf, die sie ihren Mikrowesen zur Verfügung stellen, die dann – wie sie selber auch – eine Spirale höher aufgerückt sind.

Das Ausbilden von Talentkernen geschieht also in vom Makrowesen zur Verfügung gestellten Körpern. Die Mikrowesen entwickeln in diesen Körpern die Talentkerne für einen neuen eigenen Körper, den sie wiederum ihren Mikrowesen in der nächsten Spirale zur Verfügung stellen.

4.7 Die Wesen der übergeordneten Spirale entstehen durch Zusammenschlüsse von Wesen der untergeordneten Spirale und entwickeln eine neue Identität.

Die Organe unseres Körpers entwickeln sich also nach Talentkernen, die wir in der vorhergehenden Spirale selbst gebildet haben. Das konnte nur zum Teil in der Periode geschehen, in der wir als Organwesen physisch verkörpert waren. Die eigentliche Ausbildung der Talentkerne geschieht nach Martinus nämlich im wahren Menschenreich, im Weisheitsreich und der göttlichen Welt. Aus der göttlichen Welt stammen die Ideen zu den Schöpfungen der nächsten Spirale, aus dem Weisheitsreich die Detailausführungen und aus dem wahren Menschenreich vermutlich die wesenhafte Zusammenfassung.

Die Wesen (X1+X2+X3) der übergeordneten Spirale entstehen immer durch Zusammenschlüsse von Wesen der untergeordneten Spirale. Die Zellen entstehen durch Zusammenschlüsse von Molekülen, die Organe durch Zusammenschlüsse von Zellen und die Organismen durch Zusammenschlüsse von Organen. Bei diesen Zusammenschlüssen entwickeln die neuen Wesen der übergeordneten Spirale eine neue Identität, die von den Wesen der untergeordneten Spirale getragen wird und auf einem eigenen Erinnerungsstrom und der Verbindung mit dem universellen Ich beruht.

Wir entwickeln zurzeit die Identität als Mensch, allerdings noch nicht als wahrer Mensch, sondern als Mensch auf noch tierischer Stufe. Im Pflanzenreich entwickelten wir eine Identität als Pflanze und im Tierreich eine solche als Tier.

Weil sich unsere physische Identität aus den Identitäten aller Organe zusammensetzt, können wir sagen, dass wir während der Organspirale alle Organe gewesen sind, obwohl die verschiedenen Organarten eigene Entwicklungslinien darstellen dürften, die in einer Spirale nicht nacheinander durchlaufen werden können, wie es auch im gegenwärtigen Tierreich verschiedene Entwicklungslinien gibt, was Martinus in dem Symbol Nr. 29 *Kosmische Entwicklungsbahnen*[61] darstellt und erklärt.

---

[61] EW3, Symbol 29

4. Die kosmische Ordnung und die Freiheit der Wesen

4.8 Unsere zukünftigen Körper im wahren Menschenreich und den darauffolgenden drei geistigen Reichen sind bereits in Talentkernen der Erde gespeichert.

Die Talentkerne werden, wie bereits gesagt, insbesondere in der göttlichen Welt, im Weisheitsreich und im wahren Menschenreich entwickelt. In der göttlichen Welt dürften die Wesen mehr oder weniger eine Einheit sein – eine nach Spiralen gegliederte Einheit –, in der alle Wesen voneinander wissen und zusammenwirken. Aus dieser Einheit wurden in der vergangenen Spirale von den Wesen der Zellspirale die Talentkerne für den Aufbau von Zellen, von denen der Organspirale (zu der wir Menschen gehörten) die Talentkerne für den Aufbau von Organen und von den Wesen der Organismusspirale (zu der die Erde gehörte) die Talentkerne für den Aufbau von Organismen in der kommenden Spirale – in der wir heute leben – entwickelt. Da wir in der vergangenen Organspirale auch die sechs Daseinsreiche durchliefen, haben wir auch die Talentkerne für den Aufbau von Organen in allen sechs Daseinsreichen erworben. Ebenso hat die Erde in der vergangenen Spirale auch die Talentkerne für den Aufbau von Organismen aller sechs Daseinsreiche dieser Spirale erworben, was bedeutet, dass die Körper des wahren Menschenreiches und der folgenden drei geistigen Reiche bereits in diesen Talentkernen gespeichert sind und auf den Moment warten, an dem wir auf der Spirale so weit fortgerückt sind, dass sie verwirklicht werden können.

Wenn die Wesen nach dem Abschluss der vergangenen Spirale wieder in physischen Organismen des Pflanzenreiches in der neuen Spirale auftauchen, haben sie zunächst eine einheitliche Identität, aus der sich dann nach und nach die verschiedenen Pflanzenarten heraus entwickeln, die auch in Talentkernen gespeichert sind. Das Gleiche vollzieht sich bei dem Übergang in das Tierreich und danach beim Übergang in das Menschenreich.

Beim Durchgang durch das Menschenreich entstehen während der Repetition des Pflanzenreiches und des Tierreiches sowie der zukünftigen Entwicklung des wahren Menschenreiches unterschiedliche menschliche Organismen. Die Talentkerne dieser vergangenen und zukünftigen Organismen sind bereits in der vergangenen Spirale entwickelt worden. Das erklärt, wieso bereits jetzt Menschen auftreten können, die zukünftige Fähigkeiten haben und zum Beispiel ohne feste Nahrung leben[62] oder sich an anderen Orten materialisieren können.[63]

4.9 Die Organismen und Organe aller Daseinsebenen werden ewig weiterentwickelt.

Alle sechs Daseinsreiche in allen sechs Spiralen sind nach Martinus ewige Manifestationen des Kosmos. Das heißt aber nicht, dass sie immer in der gegenwärtigen Form bestanden haben und bestehen werden, denn alle Formen wandeln sich ständig. Die Organismen und Organe werden von jeder ‚Generation' weiterentwickelt.

Jedes Wesen war in der vergangenen Spirale – als es in den höheren Welten lebte – selbst der Schöpfer seiner Organe und lebt in einem Organismus, den die Talentkerne seines Makrowesens erschaffen haben. Das, was das Makrowesen ihm damit gibt, gibt es dem Makrowesen als Erlebnisse zurück, denn wie bereits ausgeführt, erlebt jedes Makrowesen die Erlebnisse seiner Organe in einer zusammengefassten Form.[64]

Am Beispiel des Menschen sieht das so aus, dass wir die Talentkerne zum Aufbau unseres Organismus im Laufe unserer menschlichen Entwicklung von der Erde übernehmen, indem wir sie uns zu eigen machen und dabei so umschaffen, dass sie Ausdruck unserer Spirale und unseres Wesens werden.

Im wahren Menschenreich können wir nach einer Übergangsphase unseren Körper materialisieren und dematerialisieren.[65] Das bedeutet, dass die Talentkerne zum Aufbau des Organismus dann in unseren ‚Besitz' übergegangen sind. Danach nehmen wir im Weisheitsreich und der göttlichen Welt an der Ausbildung der Talentkerne zum Aufbau der Organismen in der nächsten Spirale teil. Wir sind dann Mitschöpfer der zukünftigen Entwicklung.

---

[62] siehe Werner: Leben durch Lichtnahrung
[63] siehe Haraldsson: Sai Baba, Seite 256 ff.
[64] siehe Abschnitt 3.2
[65] siehe Abschnitt 7.10

Wenn wir die Organismusspirale durchlaufen haben werden, entwickeln wir uns in der Himmelskörperspirale weiter. Die von uns zusammen mit anderen Wesen erschaffenen Organismen der Naturreiche werden dann unsere Organe sein.

Unsere jetzigen Organwesen sind dann in die übergeordnete Organismusspirale aufgestiegen. Sie werden nach den Talentkernen geformt, die wir im Laufe unseres Durchgangs durch die Organismusspirale gebildet haben. Sie machen sich die von uns entwickelten Talentkerne zum Aufbau von Organismen dann in gleicher Weise zu eigen, wie wir uns während unserer gegenwärtigen Entwicklung die von der Erde entwickelten Talentkerne zum Aufbau unseres Organismus zu eigen machen.

Die Organismen der verschiedensten Wesen sind also ewig weiterentwickelt worden. Das erklärt die schier unglaubliche Vollkommenheit der menschlichen und tierischen Körper, die sich immer mehr enthüllt, je weiter die Forschung bis in die Einzelheiten der Zellabläufe fortschreitet.

4.10 In der erschaffenen Welt ist freies Handeln möglich. In der ewigen Ordnung gibt es kein Handeln und daher weder Freiheit noch Unfreiheit.

Können die Wesen in dieser bisher beschriebenen kosmischen Ordnung überhaupt noch frei sein?

Dazu erklärt Martinus, dass alle Wesen grundsätzlich frei sind. Nur dadurch, dass sie frei sind, können sie sich entwickeln, lieben und an der Schöpfung des Lebens und des Universums mitwirken. Wenn sie nicht frei wären, könnten sie kein Eigenleben entfalten und wären nur noch Automaten.

Man muss aber verstehen, wo man überhaupt frei sein kann. Frei kann man nämlich nur dort sein, wo man tätig ist und wahrnimmt, fühlt, denkt und handelt. In der ewigen Welt kann man nicht frei sein, denn die ewige Welt bewegt sich nicht, sie ist ewig.

Die ewige Ordnung ist aber kein Zwang, dem die Wesen unterliegen, denn sie ist identisch mit den Wesen selbst, weil das Ich der Wesen eins mit dem universellen Ich und ihre Schöpferkraft eins mit der universellen Schöpferkraft sind. Wenn ein Wesen die ewige Ordnung mit dem kosmischen Bewusstsein erlebt, dann erlebt es sie so, dass es eins ist mit ihr und keine andere Ordnung will.

Weil die Wesen frei sind, können sie sich aber gegen diese Ordnung auflehnen und gegen sie kämpfen. Dieser Kampf kann sich aber immer nur im Bereich der geschaffenen Welt abspielen, sei es in der geistigen Welt oder der physischen Welt, jedenfalls nicht in der Ewigkeit.

Ein solcher Kampf entsteht auch nicht gegen die kosmische Ordnung, sondern mit ihr, denn er kann nur dann entstehen, wenn sich das Wesen in der Finsterniszone des Daseins befindet. Er kann auch nicht beliebig lange fortgesetzt werden, denn es gibt in jeder Spirale eine Kulmination der Finsternis, wie es auch in jeder Spirale eine Kulmination des Lichtes gibt. Wenn der Kulminationspunkt erreicht ist, dann schlägt die Bewegung um und wendet sich von der Finsternis wieder dem Licht oder sie wendet sich von der Kulmination des Lichtes wieder der Finsternis zu.

Ohne diese Kulminationspunkte wäre kein Spiralkreislauf möglich, denn entweder würde der Kreislauf zum Stillstand kommen oder die Finsternis bzw. das Licht würden unablässig anwachsen. Die Kulminationspunkte liegen aber unterschiedlich hoch. Die Finsternis oder das Böse des Menschen im Tierreich übertrifft die Finsternis der Tiere erheblich. Und die Finsternis der höheren Wesen, der Geister des Weisheitsreiches, der göttlichen Welt und des Seligkeits- oder Gedächtnisreiches übertrifft die der Menschen um ein Vielfaches, wie auch ihr Licht das Licht der wahren Menschen um ein Vielfaches übertrifft.

4.11 Der Mensch kann frei handeln, aber langfristig wird sich trotzdem immer die Wirklichkeit durchsetzen, die seiner Stellung auf dem Spiralkreislauf entspricht.

Durch den Ort, den ein Mensch auf dem Spiralkreislauf einnimmt, werden sein Erleben und seine Wahrnehmungsperspektive bestimmt. Diese bestimmen dann wieder sein Handeln, aber sie erzwingen es nicht. So kann ein Mensch höheren Idealen nachstre-

4. Die kosmische Ordnung und die Freiheit der Wesen 87

ben, als es seinem Ort auf der Spirale entspricht, ebenso wie er ein niedrigeres Verhalten verfolgen kann, als es dem Ort eigentlich entsprechen würde.

Ein Mensch kann frei beschließen, jemanden umzubringen, aber er kann nicht frei beschließen, was er dabei und danach empfindet, ob er eine Befriedigung empfindet oder Gewissensqualen erleidet. Genauso kann er frei beschließen, nach dem Ideal der Nächstenliebe zu handeln, aber er kann nicht beschließen, die Nächstenliebe auch zu empfinden und zu erleben. Wer einem höheren oder niedrigeren Ideal nachstrebt, als es seinem Ort auf der Spirale entspricht, bei dem wird sich früher oder später doch die Wirklichkeit seines Entwicklungsortes durchsetzen.

Wer nach einem Mord eine Befriedigung empfindet, dessen Kraft und Mordlust wird noch zunehmen, weil er sich auf der dunklen Seite der Spirale befindet. Sie werden so lange zunehmen, bis sie den Kulminationspunkt erreicht haben. Dann wird das Erleben und Empfinden umschlagen. Dagegen wird derjenige, der Gewissensqualen erleidet, sich endgültig vom tötenden Prinzip trennen. Er wird die auf ihn zurückkommenden negativen Wirkungen seiner Tat mit Befriedigung auf sich nehmen, weil er sich schuldig fühlt und seine Schuld sühnen möchte.

Wer nach dem Ideal der Nächstenliebe lebt, aber sie nicht empfindet, dem werden sich seine Ideale langsam in das Gegenteil verkehren, wie es bei den kriegerischen Völkern Europas der Fall war, die Christus in den Weltenherrscher umdeuteten, der über alle Völker zu Gericht sitzt. Der himmlische Vater, von dem Jesus sprach, verwandelte sich in einen Unhold, der die gestorbenen ungetauften Kinder in den Höllenschlund hinabstieß und sich nur durch das Blut seines Sohnes besänftigen ließ, von seiner Rachsucht gegenüber den abtrünnigen Menschen abzulassen. Und die Lehre von der Nächstenliebe verwandelte sich so, dass man seinen Nächsten bei lebendigem Leibe verbrannte, wenn er anders dachte und handelte, als es die Kirche vorschrieb.

Weil sich in Gemeinschaften wie Völkern und Staaten das Erleben und die Perspektiven der Menschen langsam verschieben, die Gesellschaftsformen, die auf dem alten Erleben und Empfinden beruhen, aber die Macht ausüben und darin verharren, weil sie die

Menschen anziehen, deren Entwicklungsstand den alten Gesellschaftsformen entspricht, vollziehen sich die durch die ‚unterirdischen' Verschiebungen auf dem Spiralkreislauf hervorgerufenen Änderungen meistens nicht kontinuierlich, sondern abrupt und in heftigen Auseinandersetzungen. Sie werden auch nicht von oben, sondern von unten ausgelöst. Irgendwann ist das alte System von unten her ausgehöhlt und hat keine Tragkraft mehr. Dann bricht es zusammen, und die mit dem alten System verbundenen Probleme und Fragestellungen sind durch die neuen Perspektiven und die neue Erlebnisweisen abgelöst worden.

4.12 Durch das Karma wird unsere Freiheit eingeschränkt, aber auch unsere Entwicklung beschleunigt.

Ein wesentlicher Punkt in Martinus' Geisteswissenschaft ist die Rückkehr aller Bewegungen zu ihrem Urheber oder das Gesetz des Karma, wie es im Hinduismus und Buddhismus ausgedrückt wird. Alles, was von einem Wesen ausgeht, kehrt über andere Wesen auch wieder zu ihm zurück. Das Leben ist ein beständiger Austausch zwischen den Wesen. Was von den einen Wesen manifestiert wird, wird von den anderen Wesen aufgenommen, verarbeitet und in verwandelter Form wieder an andere Wesen weitergegeben, wo sich der Kreislauf dann fortsetzt.

Zwischen dem, was von einem anderen Menschen ausgeht, und einem selbst entsteht eine Anziehungskraft, wenn das Ausgehende dem eigenen Karma entspricht. Es kann auch sein, dass durch unser Karma in einem anderen Menschen eine Manifestation, z. B. eine Handlung oder ein Wort, ausgelöst wird, die von demjenigen gar nicht beabsichtigt war, uns aber sehr trifft.

Durch das zu uns zurückkehrende Karma wird unsere prinzipielle Handlungsfreiheit immerfort eingeschränkt. Je stärker ein Wesen in die Finsternis geht, desto stärker werden die Rückwirkungen des von ihm ausgelösten Karmas, so dass das Wesen schließlich zum Gefangenen seines eigenen Karmas wird.

Das Karma ist aber auch die Kraft, die uns wieder aus der Finsternis herausführt, denn die Rückwirkungen der von uns ausgelösten finsteren Taten führen zu Schmerzen und Leiden. Diese Leiden erwecken in uns das Mitgefühl mit anderen Wesen. Dieses Mitgefühl verändert unser Handeln und damit auch unser zukünftiges Karma, das von der finsteren Seite zur lichten Seite wechselt, so dass uns die Rückwirkungen guter Taten treffen, die uns das Leben wesentlich erleichtern können.

So kann man auch mit dem Karma frei handelnd umgehen, was Martinus *kosmische Chemie* nennt, weil es in der mentalen Welt genauso berechenbare und zuverlässige Reaktionen und Stoffe gibt wie in der physischen Welt. Eine Entwicklungsbeschleunigung erreichen wir durch einen bewussten Umgang mit dem Karma aber nicht. Denn dadurch, dass sich die Zukunft – ob in diesem oder zukünftigen Leben – harmonischer gestaltet, vermindern sich auch unsere Leiden und durch die verminderten Leiden verlangsamt sich auch unsere Entwicklung, weil alle Entwicklung nach Martinus nur über die Nächstenliebe möglich ist, die aber gerade durch Leiden erworben wird.

Der Sinn des Lebens ist aber nicht nur die Entwicklung, sondern auch die Lebensfreude.

Alles ist sehr gut ist die Kernaussage im Werk von Martinus. Er sieht seine Aufgabe darin, Gott vor den Menschen zu rechtfertigen (Theodizee) und den Menschen zu einem glücklichen und erfüllten Dasein zu verhelfen.

Alle Menschen müssen nach Martinus gleich viel Leid erleben, ehe ihre Nächstenliebe so weit entwickelt ist, dass sie reif sind für das kosmische Bewusstsein. Wer ein glückliches harmonisches Dasein führt, entwickelt sich langsamer als jemand, der vielem Leid ausgesetzt ist. Eile ist aber auch nicht notwendig, denn allen Wesen steht die Ewigkeit zur Verfügung.

5. Seit dem Anfang der Geschichte entwickelt der Mensch einen inneren Gegenpol. Dieser ist beim Mann weiblich, bei der Frau männlich.

5.1 Die Einpoligkeit ist das Mittel, um Wesen vom Licht in die Finsternis zu führen.

Die kosmisch bewussten Wesen der geistigen Welt sind nicht einpolig männlich oder einpolig weiblich, sondern doppelpolig männlich-weiblich oder androgyn, so Martinus. Einpolig männlich oder weiblich sind lediglich die Pflanzen[66] und Tiere sowie der gegenwärtige Mensch, der das Tierreich repetiert.[67] Die Einpoligkeit ist das Mittel des Überbewusstseins, um ein Wesen vom Licht in die Finsternis zu führen.

Auf der Einpoligkeit beruhen die überlieferten Moralvorstellungen und gesellschaftlichen Ordnungen aller Kulturen. Diese Ordnungen und Moralvorstellungen beginnen jetzt ihre Stütze im Überbewusstsein vieler Menschen zu verlieren, weil diese im Spiralkreislauf so viel weiter gerückt sind, dass die Ordnungen für sie nicht mehr tragfähig sind.

Androgyn war auch Adam im Paradies, ehe Gott ihm eine Rippe entnahm – ein Symbol für das weibliche Element, das die Gefühle umschließt wie die Rippen die Lungen und das Herz – und daraus Eva erschuf. Dieser Mythos weist auf eine Vorzeit der Menschheit, als diese noch in einem Paradieszustand lebte – der Mensch im Pflanzenreich.[68]

Nach der Erschaffung Evas lebten Adam und Eva eine Zeitlang glücklich im Paradies. Sie waren jetzt einpolig männlich und einpolig weiblich und „fanden Gefallen aneinander". Das war die Repetition des Tierreiches, in der sich das kommende wahre Menschenreich noch nicht ankündigte.

---

[66] Pflanzen, die sowohl männliche als auch weibliche Blütenstände haben, sind je nach Perspektive einpolig oder doppelpolig. Die Blütenstände sind einpolig, die Pflanze als Ganze ist doppelpolig.
[67] siehe Abschnitt 3.10
[68] siehe Abschnitt 3.10

5. Seit dem Anfang der Geschichte entwickelt der Mensch... 91

Doch dann begann der Umbau der Einpoligkeit zur zukünftigen Doppelpoligkeit. Der Versucher – nach Martinus ein höheres Wesen, das aber von den späteren Menschen, die über das verlorene Paradies trauerten, als Schlange gesehen wurde – ließ sie einen Apfel vom Baum der Erkenntnis kosten, so dass sie das Gute und das Böse unterscheiden lernten. Damit wurden sie aus dem Paradies vertrieben. Adam musste sein Brot im Schweiße seines Angesichts verdienen und Eva ihre Kinder mit Schmerzen gebären.

Die entfaltete Schöpferkraft – Martinus nennt sie auch das *höchste Feuer* – ist immer doppelpolig: gleichzeitig erschaffend oder manifestierend und wahrnehmend oder erlebend. Doppelpolig sind auch alle unsere Sinneswahrnehmungen, denn sie werden gleichzeitig manifestiert und erlebt.

Um die Wesen in die Finsternis zu führen, wird vom Überbewusstsein die höchste Erfahrung – die Vereinigung mit einem anderen Wesen – aber so begrenzt, dass sie sich nur noch einpolig vollziehen kann. Das männliche Wesen manifestiert – es gibt seinen Samen –, und das weibliche Wesen empfängt. Weil diese Erfahrung zugleich die intensivste Erfahrung unter allen Erfahrungen ist und mit der notwendigen Fortpflanzung verbunden ist, ruft sie die Abhängigkeit der Geschlechter voneinander hervor.

Solange die Fortpflanzung instinktgebunden abläuft wie bei den Tieren, leben die Menschen in einem paradiesischen Zustand, der ihnen die Befriedigung ihrer Sehnsüchte gewährt. Doch allmählich wachsen sie aus diesem Paradieszustand heraus, weil das persönliche Gefühl und die Intelligenz zu erwachen beginnen. Die Intelligenz wird genutzt, um sich Vorteile zu sichern, das Gefühl, um diese zu genießen.

Die nur einpoligen männlichen Wesen streben nach Macht und Herrschaft und der Liebe und Bewunderung durch ein weibliches Wesen. In den anderen maskulinen Wesen sehen sie Rivalen, denen sie von vornherein feindselig gegenüberstehen. Auseinandersetzungen um Geschlechtspartner und Eifersuchtsdramen führen zu Hass und Totschlag.

Die nur einpoligen weiblichen Wesen bilden den Gegenpol dazu. Sie möchten sich hingeben und bewundern und lieben einen Mann, von dem sie sich beschützt und bei dem sie sich geborgen fühlen können. Ebenso wie die männlichen Wesen sehen sie in den anderen weiblichen Wesen Konkurrentinnen, denen sie feindselig gegenüberstehen, die sie auf ihre weibliche Weise genauso bekämpfen wie die Männer ihre Rivalen.

Diese Konstellation löst die harmonische Einheit der archaischen Welt auf. Sie führt zu Zwietracht und Feindschaft, zu Eifersucht und Kampf der miteinander rivalisierenden männlichen und weiblichen Wesen und zersplittert die Gemeinschaft in Paare und Familien. Sie führt die Wesen immer tiefer in die Materie, weil sie nur dort – in dem körperlichen Besitz eines Wesens des entgegengesetzten Geschlechts – die Befriedigung finden können, nach der sie sich sehnen. In der Einpoligkeit liegt die eigentliche tiefere Ursache der Kriege und Kämpfe, die sich durch die Geschichte ziehen.

Gleichzeitig bewirkt diese Konstellation aber auch, dass im Menschen die Intelligenz anwächst, weil das Leben nicht einfacher, sondern immer schwieriger wird. Die Kämpfe und Auseinandersetzungen rufen Leiden hervor, wodurch sich die Gefühle weiterentwickeln. Damit werden die Grundlagen jeder höheren Kultur – Intelligenz und Gefühl – gelegt. Später kommt noch die religiöse, künstlerische und wissenschaftliche Intuition hinzu.

Nach Martinus geht seither alle Kulturentwicklung zu Lasten der einpoligen Sexualität. Was gewonnen wird – Religion, Ichbewusstsein, Gesittung, Moral, Glauben, Liebe, Handwerk, Kunst, Technik, Wissen usw. –, bildet einen inneren Gegenpol zum natürlichen Geschlecht. Bei der Frau bildet sich ein männlicher Gegenpol heraus, beim Mann ein weiblicher Gegenpol.

Diese Polverwandlung ist eine verborgene treibende Kraft in der Dynamik der menschlichen Geschichte. Die Organe, die sich verwandeln, die Zeugungsorgane, sind die höchsten Organe des Menschen, weil sie das Höchste des physischen Lebens, die Inkarnation eines menschlichen Wesens, ermöglichen und von der höchsten Energie, der Intuitionsenergie, gesteuert werden, die im Geschlechtsakt auf instinktive Weise als „Seligkeitsenergie"[69] erlebt wird.

---

[69] Ausdruck von Martinus

Diese Sichtweise widerspricht der überlieferten christlichen Lehre, die in der Sexualität die Sünde schlechthin sah bzw. sieht. Damit steht bzw. stand sie aber keineswegs alleine da, denn der sexuelle Bereich war bzw. ist mehr oder weniger in allen Kulturen tabuisiert. Der Grund für diese Tabuisierung liegt darin, dass der sexuelle Bereich von der Vorsehung vor dem sich immer stärker entfaltenden Egoismus des Tiermenschen geschützt werden musste, wenn die Entwicklung zu ihrem Ziel führen sollte.

Dass etwas richtig war und für viele Menschen immer noch ist – ich meine die Tabuisierung der sexuellen Sphäre –, was inzwischen für einen Teil der Menschen falsch, aber für viele immer noch richtig ist, und umgekehrt, lässt sich verstehen, wenn man dialektisch, d. h. in der Dynamik von Gegensätzen, denkt. Der Weg in die Finsternis – der mit der Tabuisierung der sexuellen Sphäre verbunden ist – ist richtig, solange man den Kulminationspunkt noch nicht überschritten, und falsch, wenn man ihn hinter sich hat. Danach ist der Weg in das Licht richtig, der von denjenigen, die noch nach der Kulmination der Finsternis streben, mit Recht als falsch, schwächlich und abgehoben angesehen wird. Immer richtig und damit *sehr gut* ist das Zusammenspiel von Finsternis und Licht, das sowohl das Eigenbewusstsein als auch das kosmische Bewusstsein der Wesen ermöglicht.

Der Weg in die Finsternis war notwendig, damit sich der tierische Selbstbehauptungswille und Egoismus mit dem erwachenden Gefühl und der erwachenden Intelligenz verbinden, so dass zerstörerische Kräfte freigesetzt werden und das Gute und das Böse erkannt werden können. Aber es war gleichzeitig notwendig, dass der Zeugungsbereich davor geschützt wurde, zu früh in diesen zerstörerischen Bereich hineingezogen zu werden. Die Gefühlsenergie und die Intelligenzenergie müssen stark genug entwickelt sein, um durch die Krise hindurchzukommen.

5.2 Ein Wesen kann nur so viel an Licht aufnehmen, wie es an Finsternis überwunden hat.

Beim Anwachsen des Gegenpols im Inneren des Menschen verstärken sich sein Gefühl und seine Intelligenz. Das Mitgefühl wächst durch das Leiden und die Intelligenz durch die Auseinandersetzung mit den schweren Lebensbedingungen. Gefühl und Intelligenz müssen sich bis zur Entwicklung der Doppelpoligkeit so verstärken, dass sie den von der Schwereenergie hervorgerufenen Selbstbehauptungswillen beherrschen können. Wenn sie einander dabei ebenbürtig sind, entsteht das *intellektualisierte Gefühl*[70]. Dieses weckt die Intuition, womit dann das kosmische Bewusstsein geboren wird.

Diese Entwicklung ist ein mühsamer und schmerzlicher Prozess, was in der Bibel zum Ausdruck kommt, wenn es dort heißt, dass Adam sein Brot im Schweiße seines Angesichts verdienen und Eva ihre Kinder mit Schmerzen gebären soll.

Weil der von der Schwereenergie beherrschte Mensch seine erwachende Intelligenz nur zu seinem Vorteil nutzt, wird er von anderen Menschen bekämpft, die das gleiche anstreben. In diesen Kämpfen gibt es immer einen Sieger und einen Verlierer. Der Verlierer ist aber der wahre Gewinner, denn wenn er wiedergeboren wird, dann bleibt ihm von seinen Leiden ein gefühlsmäßiger Nachklang. Dieser gefühlsmäßige Nachklang macht ihn empathisch für gleiche Leiden. Er kann jetzt mitfühlen, was in anderen Menschen vor sich geht, die den gleichen Leiden ausgesetzt sind wie er damals. Die Folge ist, dass sich menschliche Gefühle in ihm zu regen beginnen und er sich in seinen Handlungen zu mäßigen beginnt. Der Sieger wiederum begegnet in einem folgenden Leben der Rückwirkung seiner Taten, so dass auch er jetzt zum Verlierer wird und sich damit ebenfalls in gleicher Weise weiterentwickeln kann.

Dieser Prozess einer Vermenschlichung des Tiermenschen vollzieht sich zunächst aber nur sehr langsam. Solange die Schwereenergie noch sehr stark ist, werden die Menschen immer aufs Neue in Auseinandersetzungen und Kämpfe verwickelt, die sich durch das Gesetz des Karma durch viele Leben hinziehen können. Die Auseinandersetzungen und Kämpfe werden durch den Wechsel der Szenerie in den verschiedenen Leben auf immer neuen

---

[70] Ausdruck von Martinus

Ebenen geführt, so dass sich eine immer breitere Empathie entwickeln und das Gefühlsleben an Kraft gewinnen kann.

Durch die Entwicklung des Gefühlslebens entstehen aber neue schwere Konflikte. Der Mensch beginnt, Zuneigung und Liebe zu einem Nächsten zu entwickeln, mit dem er nicht sexuell verbunden ist und der auch nicht zu seiner Familie gehört. Diese Zuneigung oder Liebe verbindet sich mit dem von der Schwereenergie ausgelösten sexuellen Begehren, so dass es bei Verheirateten zum Ehebruch kommen kann. Es kann auch sein, dass sich die Zuneigung oder Liebe auf einen Partner des eigenen Geschlechts bezieht, was dann zu homosexuellen oder lesbischen Beziehungen führen kann.

Da dieser ganze Bereich in fast allen Kulturen weitgehend tabuisiert war bzw. immer noch ist, kommt es zu neuen Leiden, die aber jetzt nicht durch die erwachende Intelligenzenergie, sondern durch die sich verstärkende Gefühlsenergie ausgelöst werden.

Im christlichen Kulturbereich war – bzw. ist – der sexuelle Bereich so sehr tabuisiert, dass sich der Mensch, der eine andere Frau oder einen anderen Mann oder gar einen Partner des eigenen Geschlechts begehrte, sündig fühlte, sein Begehren unterdrückte oder geheim auslebte und gleichzeitig in dem Bewusstsein lebte, verdammt zu sein. Das unterdrückte Begehren suchte sich dann andere Befriedigungen, so dass sich eine blutige Spur durch die europäische Geschichte zog, die in den Hexenverbrennungen und Ketzerverfolgungen zum Ausdruck kommt.

Demgegenüber kann man die Frage aufwerfen, warum dieser Prozess so schmerzlich durchlaufen werden muss. Warum kann das Überbewusstsein die Schwereenergie nicht stärker reduzieren, so dass sich die Intelligenzenergie und Gefühlsenergie harmonischer entwickeln können? Die Antwort im Sinne von Martinus ist, dass alle Weiterentwicklung durch Auseinandersetzung mit dem Bestehenden geschieht. Das Wesen geht selbst den Weg durch die Dunkelheit zum Licht. Würde es das nicht tun, wäre das gewonnene Licht nicht sein eigenes. Das schmerzlich Errungene hat einen ganz anderen Wert als das Geschenkte. Ein Wesen kann nur so viel an Licht gewinnen, wie es an Finsternis hinter sich gelassen hat.

5.3 Durch die Religionen wird bzw. wurde der innere Gegenpol im Menschen gefördert, zunächst durch die Religionen des tötenden Prinzips.

In der Religiosität des Menschen sieht Martinus den Keim der Entwicklung des kosmischen Bewusstseins. Wie das Auge nur entstehen konnte, weil es das Licht und die Sonne tatsächlich gibt, so entstand die Religiosität, weil es die Gottheit – das heißt das universelle Ich, das Schöpfungsvermögen aller Wesen und die Einheit des Alls – tatsächlich gibt. Religion ist der Keim des Auges, mit dem einmal die Gottheit wahrgenommen werden wird.

Den Ansatz zur Religion sieht Martinus bereits beim Todesschrei des Tieres. In der Natur gibt es nichts Zweckloses, argumentiert er. Wäre es nicht völlig zwecklos, dass das von einem Raubtier angegriffene Tier einen Todesschrei ausstößt – da ihm doch niemand zu Hilfe eilen kann, denn seine Artgenossen sind auf der Flucht –, wenn ihm nicht von der geistigen Seite her tatsächlich geholfen würde? Martinus sagt nämlich, dass geistige Wesen herbeigerufen werden, die dem getöteten Tier helfen, leidensfrei durch den Todesprozess zu kommen und sich auf der geistigen Daseinsebene zu orientieren.

Das Erste, was sich im aus dem Paradies vertriebenen Menschen entwickelte, war eine Religion, die über den Todesschrei des Tieres hinausging und den Alltag durchzog. Religion zeigen immer noch alle indigenen Völker. Nach Martinus ist es nicht so, wie man heute allgemein annimmt, dass es sich bei den ersten Religionen um Animismus oder die mit kindlicher Fantasie vorgenommene Vermenschlichung von Naturerscheinungen handelt, sondern bei der Religiosität des frühen Menschen und der heute noch lebenden indigenen Völker handelt es sich um einen geistigen Instinkt, der aus dem kosmischen Bewusstsein des vergangenen Spiralkreislaufes stammt. Der noch nicht zivilisierte Mensch weiß instinktiv, dass alle Naturerscheinungen wesenhaft sind. Allerdings kann er die Wesen nicht in ihrer wahren Wirklichkeit erfassen. Deshalb sind die genaueren Beschreibungen der Wesen, die als Götter, Geister oder Teufel verehrt und gefürchtet werden, nur ein Bild des eigenen Wesens dieser Menschen.

Die Religionen entwickelten sich auf eine von höheren Wesen geführte Weise. Martinus nennt diese Führung *das Elternprinzip*. Es ist das gleiche Prinzip, das auch der Aufzucht der Jungen bei den Tieren und der Erziehung der Kinder bei den Menschen zugrunde liegt. In der Urzeit leiteten fortgeschrittene geistige Führer die Menschheit, die gegenüber den Menschen die gleiche Autorität hatten wie Eltern gegenüber ihren Kindern. Die Menschen empfanden instinktiv die Überlegenheit dieser Wesen und folgten ihnen willig. Die von den geistigen Führern gegebenen Impulse waren dem Entwicklungsstand der Menschen und ihrer Verschiedenheit – entsprechend ihren Wohnsitzen auf der Erde – angepasst.

In ihrer ersten Stufe gingen sie von der damaligen Aufgabe des Menschen aus, die Kräfte der Finsternis, d.h. die Selbstbehauptung und den Egoismus, zu entwickeln. Dadurch, dass diese Kräfte entwickelt wurden, konnten sich das Gefühl und die Intelligenz entwickeln.

Die ersten Religionen verehrten das *tötende Prinzip*[71] und die kriegerischen Götter mit Tier- und Menschenopfern, mit denen die Götter günstig gestimmt werden sollten. Die Menschen glaubten an ein Jenseits, in dem die Krieger und Helden ihr kämpferisches Dasein fortsetzen konnten (die ewigen Jagdgründe, Walhall). Dieser Glaube war nicht falsch, aber auch nur begrenzt richtig, weil der Mensch nach dem Tode – so Martinus – tatsächlich das erlebt, was er ersehnt, allerdings nur so lange, bis seine Sehnsucht befriedigt ist. Danach geht er in ein höheres Dasein über.

Daneben gab es Hochkulturen wie die mythische atlantische Kultur, die indische, persische oder ägyptische Kultur, die von in Tempeln und Mysterienstätten eingeweihten Priestern, Königen und Pharaonen geleitet wurden. Durch ihre Einweihung hatten sie die Vollmacht und die Macht, um ihre noch unentwickelten Völker führen zu können.

Bei den Einweihungen ausgewählter Menschen konnten die Priester an das aus der vergangenen Spirale erhaltene instinktive Wissen anknüpfen, so dass eine teilweise Erweckung des alten kosmischen Bewusstseins möglich war.

---

[71] Ausdruck von Martinus

Außerhalb der genannten Hochkulturen entwickelten die Menschen mit dem fortschreitenden Anwachsen ihrer Intelligenz allmählich barbarische Verhältnisse, denn was sie an Intelligenz gewannen, nutzten sie, um sich egoistische Vorteile zu sichern. Martinus sagt, das Begehren, die Güter und Vorteile anderer Menschen zu besitzen, sei allgegenwärtig gewesen. Die Menge scheute weder Mord noch Totschlag, um sie sich anzueignen. Die Verehrung von Macht und Stärke war so groß, dass sie jedes Mitgefühl erstickte, sofern es überhaupt in den noch stark tierischen Menschen bereits keimen konnte. Niemand konnte sich seines Lebens sicher sein. Die Rache und Vergeltung für die blutigen Morde lauerte überall, nicht nur in den Augen fremder Stämme und Krieger, sondern auch in den Augen der Nahestehenden.

In dieser Lage entstand als erstes im jüdischen Volk mit Moses' Zehn Geboten ein religiöses Gesetzsystem, das es dem Einzelnen verbot, zu morden, zu töten, zu rächen und zu strafen. In den darauf folgenden Jahrhunderten bzw. Jahrtausenden entstanden solche Rechtssysteme in allen zivilisierten Völkern. Das sogenannte Gewaltmonopol wurde auf die Regierung, die Obrigkeit oder im Idealfall ein unabhängiges Rechtswesen übertragen. Damit verbunden war ein absoluter Schutz des Eigentums.

Mit dem unbedingten Schutz des Eigentums, der ja bis in unsere Zeit reicht und die Grundlage des gesamten Geschäftslebens ist, wurden zugleich die stärksten egoistischen Neigungen vom Gesetz her geschützt. Martinus schreibt dazu:

Das ganze frühere Rechtssystem beruhte also in allerhöchstem Maß darauf, ‚Eigentumsrecht' zu schaffen und dem Schutz des ‚Rechts', Dinge als für andere absolut unantastbares ‚Eigentum' zu besitzen oder zu eignen. Die Objekte dieses Besitzdranges oder ‚Eigentumsrechts' gingen vom Ehepartner herab bis zum einfachsten materiellen Ding. War es nicht die ‚Steinigung', welche die untreue Ehegattin erwartete?[72]

Durch diese Entwicklung konnte der Einzelne seine tierischen Ten-

---

[72] LB4, Z. 1312

5. Seit dem Anfang der Geschichte entwickelt der Mensch... 99

denzen nur noch im Rahmen der geltenden Gesetze entfalten. Damit nahm das Dasein der Einzelnen wie das der Nationen von da an einen ganz anderen Verlauf. Die Menschen wurden gezwungen, ihre Rachlust und Mordneigungen im Zaume zu halten. Sonst verfielen sie der geltenden Bestrafung.

5.4 Durch das sich entwickelnde Gefühl entstand die sich erfüllende Sehnsucht nach humaneren Religionen.

Allmählich entstand in den Menschen eine Sehnsucht nach Liebe, Mitgefühl und Frieden, nach Erlösung aus dem tierisch geprägten Dasein. Damit war die Grundlage für höhere, humane Religionen gelegt, die sich in den verschiedenen Weltgegenden bildeten. Es entstanden die großen Weltreligionen des Buddhismus, des Christentums und des Islams, die verschiedene Aspekte der Wahrheit darstellen. Sie beruhen bei den jeweiligen Gläubigen nicht auf Erkenntnis und Erfahrung, sondern auf Glauben.[73]
Die Glaubensfähigkeit hat nach Martinus zwei Wurzeln. Da ist einmal der angeborene religiöse Instinkt, der auf den degenerierten Resten des kosmischen Bewusstseins der vergangenen Spirale beruht. Die andere Wurzel sind göttliche Suggestionen, die in den gläubigen Menschen einströmen. Diese Suggestionen sind keine Illusionen, sondern geistige Energien, die der oder die Gläubige braucht. Dazu können wir bei Martinus lesen:

Der Glaube wird also sichtbar als eine Einstellung des Bewusstseins, die das Einströmen von seelischer oder geistiger Energie in das Wesen öffnet. Da Bewusstsein an sich ja Energie ist und da Energie nur aufgrund einer anderen Energie verwandelt werden kann, werden die genannten geistigen Energien hier als realistische Tatsachen sichtbar, da sie allmählich das Bewusstsein des betreffenden Wesens vollkommen verwandeln. Wenn ein Wesen somit unter die göttliche Suggestion kommt, d. h. dass ihm ein einstweiliger unerschütterlicher Glaube an das ei-

---

[73] Im Buddhismus trifft diese Aussage nur für den Volksbuddhismus zu.

ne oder das andere als religiöses Ideal beigebracht wird, wird sofort eine diesem Ideal entsprechende geistige oder kosmische Kraft durch das Bewusstsein des Wesens strömen. Diese Kraft ist also von einer mehr oder weniger herausragenden Geisteshöhe, entsprechend dem Niveau, das dem genannten Ideal entspricht. (...) Wenn diese Geisteskräfte in das Bewusstsein des Wesens einströmen, zeigen sie sich in einer Freude, die zuweilen in Ekstase kulminiert, sowie in Inspiration oder erneuter Lust und Tendenz zu dem Ideal hinzustreben, auf dem sein Glaube beruht. (...) Der Glaube ist somit der absolut einzige Weg, durch den das kosmisch gesehen noch primitive Wesen Zugang zu seiner religiösen Nahrung und Zufriedenstellung bekommen kann.[74]

Die humanen Weltreligionen entwickelten bzw. entwickeln das Gefühlsleben der Gläubigen, so dass ein Gegengewicht gegen die sich sonst zu stark mit der Schwereenergie verbindende Intelligenzenergie gebildet wurde bzw. wird. So konnte durch das Christentum die Degeneration der antiken Kultur überwunden und eine neue Kulturperiode eingeleitet werden.

5.5 In der Gegenwart ist der Materialismus die neue Religion. Er hat die Weltkrise ausgelöst, von der die Polverwandlung des Menschen gefördert wird.

Die humanen Religionen können nur so lange positiv wirken, wie der Mensch die Glaubenssuggestionen aufnehmen kann. Diese Fähigkeit ist an seinen geistigen Instinkt gebunden, der sich mit zunehmender Intelligenz aufzulösen beginnt, denn Instinkt und Intelligenz sind polare Kräfte, die nur gleichzeitig bestehen können, wenn die Intelligenz nicht genug entwickelt ist.[75] Die Intelligenz als die stärkere Kraft löst den geistigen Instinkt immer mehr auf. Der zum Denken erwachte Mensch kann nur noch akzeptieren, was er verstehen kann.

---

[74] LB1, Z. 140
[75] siehe Abschnitt 3.5

5. Seit dem Anfang der Geschichte entwickelt der Mensch... 101

Man kann einwenden, dass es doch sehr intelligente Menschen gibt, die weiterhin gläubig sind. Das kann durchaus der Fall sein, nämlich dann, wenn nicht nur die Intelligenz, sondern auch das Gefühl sehr hoch entwickelt ist. Dann beginnt die Intuition an die Stelle des instinktiven Glaubens zu treten, und der Betreffende weiß intuitiv, dass sich die Welt nicht rein materiell erklären lässt. Solche Gläubige erkennt man daran, dass sie tolerant und liebevoll sind und kein Interesse daran haben, ihren Glauben anderen Leuten aufzudrängen.

Die Entwicklung der Intelligenz genügt aber nicht, um den Atheismus und Materialismus zu erklären, denn es gibt keinen logischen Grund, warum alle geistigen Phänomene aus materiellen Prozessen entstehen müssen. Dagegen ist es vollkommen logisch, dass geistige Phänomene nicht physisch nachgewiesen werden können. Unlogisch ist aber, dass sie damit auch nicht existent sind. Martinus erklärt daher, dass der Materialismus selbst eine Religion ist. Auch dieser Glaube macht Aussagen über Dinge, die außerhalb der physischen Wahrnehmung liegen. Er erklärt, dass es keinen Gott gibt, kein Leben nach dem Tode und keine höheren Bewusstseinsformen, dass die Materie die einzige Wirklichkeit ist und dass alles aus dem Zufall entsteht. Den Beweis für diese Aussagen bleibt der Materialismus genauso schuldig, wie die Religionen den Beweis für ihre Aussagen schuldig bleiben.

Der Materialismus entsteht dadurch, dass die Wirkung der Schwereenergie, der Selbstbehauptung oder des *tötenden Prinzips* das Wesen schließlich aus allen geistigen Zusammenhängen löst, so dass es dann nur noch sein Ego hat. Damit ist die Kulmination der Finsternis erreicht.

Der Materialismus hat gravierende Folgen, deren Konsequenzen die Menschen durch das 19. und insbesondere das 20. Jahrhundert erlebt haben und die wir immer noch erleben. Weil alle Verbindungen mit den höheren Welten abgeschnitten sind, der Mensch aber eine Sehnsucht nach einem vollkommeneren Dasein in sich trägt, entsteht eine forcierte Entwicklung der materiellen Wissenschaften und der Technik. Weil alles Gefühl in den subjektiven Bereich abgedrängt wird, entsteht ein immer brutaler werdender Kampf ums Dasein. Das geschieht trotz einer so weit entwickelten Technik, dass alle Menschen ein Leben im Wohlstand führen könnten, wenn sie nicht durch ihre Gedanken an den Konkurrenzkampf gefesselt wären.

Dieser Durchgang durch die Finsternis wird von Martinus als *der Tag des Jüngsten Gerichtes* oder *die Götterdämmerung* bezeichnet. Diese Finsternisepoche ist notwendig, damit wir die Wirkungen der Finsternis erkennen und uns dadurch von ihr absetzen können.

Was auf den Durchgang durch die Finsternis folgt, ist eine Epoche von etwa 3000 Jahren – so Martinus etwa 1930. In dieser Zeit wird das Wissen den Glauben ersetzen, denn die Wissenschaft wird zum Spirituellen durchbrechen, und nach und nach werden immer mehr Menschen kosmisch bewusst werden, so dass sie wissen und nicht mehr glauben. Darauf beginnt dann das *wahre Menschenreich*, in dem fast die gesamte Menschheit zum kosmischen Bewusstsein erwacht sein wird.

Ehe die Übergangsepoche geboren werden kann, muss unser im Verborgen ruhendes finsteres Karma – hervorgerufen durch Jahrtausende der Kriege, Unterdrückungen, Versklavungen, Misshandlungen, Morde und Gewalttaten aller Art – an die Oberfläche treten und dadurch aufgelöst werden. Denn nur durch das Leiden, das entsteht, wenn wir mit den Wirkungen unseres Handelns konfrontiert werden, können wir uns aus unserem finsteren Karma lösen. In den dramatischen Ereignissen des vergangenen Jahrhunderts, die sich ja immer noch fortsetzen und in einigen Ländern noch steigern, sieht Martinus die Geburtswehen eines kommenden lichten Zeitalters.

Der Durchgang durch diesen Kulminationspunkt ist ein individueller Prozess, der bei dem einen Menschen früher, bei dem anderen später liegt. Durch das Zusammenwirken aller Menschen ergibt sich aber ein historischer Prozess, der vermutlich der Gaußschen Normalverteilung entspricht. Das ist eine mathematische Figur, die glockenförmig aussieht. Der obere Teil der Glocke scheint fast eben zu sein, hat aber einen eindeutigen Höhepunkt. Dann fällt die Figur in etwa glockenförmig nach unten ab und läuft

5. Seit dem Anfang der Geschichte entwickelt der Mensch…

schließlich sehr breit aus. Nach beiden Seiten ist die Figur symmetrisch.[76] Ich schätze, dass der Höhepunkt dieser Figur etwa 1945 mit dem Untergang Deutschlands, der Vergasung und Tötung von mehreren Millionen Juden und dem Abwurf der beiden Atombomben auf Hiroshima und Nagasaki erreicht wurde. Die obere, mit dem Höhepunkt fast ebene Fläche dürfte schätzungsweise bereits 30 Jahre früher erreicht worden sein, das wäre etwa 1915, also ca. ein halbes Jahr nach dem Beginn des ersten Weltkrieges, und entsprechende 30 Jahre später dürfte die Höhepunktsebene auch wieder abfallen, also etwa 1975. Das Ansteigen der Kurve könnte etwa 1789 mit dem Ausbruch der französischen Revolution begonnen haben. Damit würde die Kurve etwa 2100 wieder fast in eine Ebene auslaufen.

Das bedeutet nicht, dass wir keine schlimmeren Katastrophen als den zweiten Weltkrieg mehr zu erwarten haben. Wenn die Sonne im Jahreslauf in der Wintersonnenwende die Zone der Dunkelheit und Kälte durchlaufen hat, folgt nicht sogleich ein Ansteigen der Temperaturen. Bis zur Wintersonnenwende wirken die hohen Temperaturen des Herbstes noch nach. Erst wenn sie ganz abgeklungen sind – einige Wochen nach der Wintersonnenwende –, wird die Kulmination der Kälte erreicht. In diesem Sinne liegt auch die Kulmination der äußeren Katastrophen noch vor uns, obwohl wir die Kulmination der inneren Finsternis, die ich mit der Gaußschen Normalverteilung dargestellt habe, bereits überschritten haben.

5.6 Der sich gegenwärtig scheinbar abzeichnende Zusammenbruch aller Kultur entsteht durch die immer stärker werdende Entwicklung des inneren Gegenpols.

Die Geisteswissenschaft von Martinus zeichnet sich auch dadurch aus, dass sie eine schlüssige Erklärung für Phänomene liefert, die ursprünglich von den westlichen Völkern ausgingen, aber sich inzwischen weltweit ausbreiten und den Zusammenbruch aller

---

[76] siehe Internet: Gaußsche Normalverteilung

menschlichen Kultur anzukündigen scheinen, aber von Martinus ganz anders gelesen werden. Damit meine ich das zunehmende Scheitern der Ehen, die Auflösung der Familien, die Flucht in Alkohol und Drogen, die steigenden Selbstmordraten, die Zunahme der Depressionen und Nervenkrankheiten.

Die Erklärung liegt in dem Anwachsen des inneren Gegenpols. Dieser ist bei vielen Menschen seit einigen Jahrzehnten so stark geworden, dass die sexuellen Tabus sich auflösen. Die neuen Formen des Zusammenlebens sind aber noch nicht da, weil die Doppelpoligkeit in den Menschen noch nicht weit genug entwickelt ist, um die sich ankündigenden neuen Gemeinschaftsformen durchtragen zu können. Die meisten Versuche neuer Gemeinschaftsbildungen sind bisher an den im gegenwärtigen Menschen noch zu starken einpoligen tierischen Tendenzen gescheitert.

Auf der anderen Seite ist die Sehnsucht nach einem anderen Leben aber bereits so stark, dass immer mehr Menschen an dem Widerspruch zwischen ihrer inneren Welt und der äußeren Welt zerbrechen. Was wir um uns herum sehen, ist der Niedergang der alten einpoligen und der Aufgang einer neuen – aber gegenwärtig noch zu schwachen – von dem Ideal der Doppelpoligkeit geprägten Kultur.

Auch in den sozialen Zusammenhängen beginnen viele Menschen anders zu denken, zu fühlen und zu erleben, als es von den überlieferten, zu dem einpolig gestimmten Menschen passenden Gesellschaftsformen vorausgesetzt wird. Diese sind auf Erfolg, Karriere, Konkurrenz, Selbstbehauptung und Selbstdarstellung abgestimmt. Die führenden Positionen in Wirtschaft, Politik, Medien und Öffentlichkeit sind in der Regel – wenn auch nicht immer – von Menschen besetzt, die diesem *alten Weltimpuls*[77] angehören. Die Menschen des *neuen Weltimpulses* sind in der Regel nicht geeignet, in den Wettkampf des alten Weltimpulses einzutreten, weil sie dieses Verhalten als sinnlos empfinden und ihnen von daher der Kampfgeist fehlt, um sich durchsetzen zu können.

---

[77] Ausdruck von Martinus

Seit der Kulmination der Finsternis in der oben angeführten Periode hat der kriegerische Geist stark abgenommen, jedenfalls in den in dieser Entwicklung am weitesten fortgeschrittenen Nationen. Seit dem zweiten Weltkrieg hat es bei allen Kriegen eigentlich nur noch Verlierer gegeben. Und im zweiten Weltkrieg gab es bereits nur noch zwei Sieger: die USA und die Sowjetunion. Alle übrigen beteiligten Staaten befanden sich auf der Verliererseite, die Ostblockstaaten, weil sie anschließend von der Sowjetunion unterworfen wurden, und die westlichen Alliierten, weil sie so geschwächt waren, dass sie früher oder später ihre Kolonien verloren. Die ehemalige Sowjetunion ist seit ihrem Zusammenbruch ebenfalls auf der Verliererseite, und die USA scheinen sich jetzt ebenso auf dem Weg zu den Verlierern zu befinden. Der erwartete neue Sieger China dürfte sich daher vermutlich ebenfalls auf der Verliererseite wiederfinden, wenn er – wie im Westen befürchtet – danach streben sollte, eine Weltmachtstellung zu erringen.

6. Im Laufe der Geschichte nimmt die Gefühlsenergie zu und die Schwereenergie ab. Allmählich erlischt der geistige Instinkt.

6.1 Das kosmische Bewusstsein der vergangenen Spirale lebt als geistiger Instinkt weiter, der dem archaischen Menschen ein Einheitsgefühl gibt, von dem er sich getragen fühlt. Dieses Gefühl geht im Laufe der Geschichte immer mehr verloren.

Nach Martinus ist das gegenwärtige Bewusstsein jedes Wesens eine Momentaufnahme aus einem ewigen Verwandlungsprozess. Jedes Wesen durchläuft Spiralen, in denen es sich abwechselnd mit der Materie verbindet und wieder aus ihr löst. Wenn das Wesen sich mit der Materie verbindet, erschafft es seine Finsternis, und wenn es sich wieder aus ihr löst, erschafft es sein Licht. Die Materieerfahrung wird dabei von dem Überbewusstsein des Wesens durch die Dominanz der Schwereenergie hervorgerufen. Das Wesen inkarniert dabei in einem Makrowesen, in dem ebenfalls die Schwereenergie dominiert, und es zieht Mikrowesen gleicher Art an. In entsprechender Weise wird die Erfahrung des göttlichen Lichtes von dem Überbewusstsein durch die Dominanz der Intuitionsenergie erzeugt.[78]

Bei jedem Spiralkreislauf verliert das Wesen im Tierreich sein kosmisches Bewusstsein, erneuert es im Menschenreich und verstärkt es bis zur göttlichen Welt. Danach geht das kosmische Bewusstsein im Seligkeits- oder Gedächtnisreich und im Pflanzenreich in die Erinnerung über.

Als der Mensch die Repetition des Pflanzenreiches durchlebte, war er noch von der Erinnerung an das kosmische Bewusstsein der vergangenen Spirale getragen. Seit der Repetition des Tierreiches ist diese Erinnerung erloschen. Die Wirkungen des kosmischen Bewusstseins lebten aber zunächst noch als geistiger Instinkt weiter und bewirkten, dass sich der archaische Mensch von der Einheit mit allem um ihn herum getragen fühlte.

---

[78] siehe Abschnitt 3.7

Dieser geistige Instinkt entstand in der göttlichen Welt der vergangenen Spirale als die Einheit mit allen Wesen so oft erlebt worden war, dass sich ein entsprechender Talentkern gebildet hatte und das Einheitserleben zu einer Automatfunktion geworden war.[79] Danach war das Einheitserleben immer gegeben, ohne dass das Wesen irgendetwas dafür tun musste. Diese Automatfunktion bestand noch im archaischen Menschen, als er die Erde betrat.

Wenn sich eine Automatfunktion bildet, dann sind damit bewusst vollzogene äußere oder innere Bewegungen zu unbewusst ablaufenden Bewegungen geworden. Bewusst vom Ich vollzogene Bewegungen werden zu automatisch ablaufenden Es-Bewegungen. Ich-Bewusstsein wird zu Es-Bewusstsein. Der archaische Mensch fühlte automatisch die Einheit mit allem, ohne das überhaupt in Frage stellen zu können. Dieses instinktive Einheitserleben löst sich in dem Maße, wie das Ich erwacht, wieder auf, weil man sich nur dadurch seines Ichs bewusst wird, dass man bewusst wahrnimmt und denkt.

6.2 Sich entwickelnde Bewusstseinsstrukturen der Menschheit nach Jean Gebser

Ich möchte hier etwas einfügen, in dem ich mich auf Jean Gebser beziehe, seine Gedanken weiterführe und im nächsten Abschnitt mit der Geisteswissenschaft von Martinus verbinde.

Gebser beschreibt in seinem Werk *Ursprung und Gegenwart* die Bewusstseinsentwicklung der Menschheit. Er unterscheidet vier Bewusstseinsstrukturen, die nacheinander durchlaufen wurden bzw. werden, die sich in der Menschheit – bis auf die erste, die archaische Bewusstseinsstruktur – immer noch nebeneinander finden. So gibt es heute noch Volksstämme, die im magischen Bewusstsein, und Völker, die im mythischen Bewusstsein leben. Die durchlaufenen Bewusstseinsstrukturen sind auch im modernen Gegenwartsmenschen noch vorhanden und bilden die tieferen Schichten seines Bewusstseins.

---

[79] siehe Abschnitt 3.8

Die erste Bewusstseinsstruktur nennt Gebser das *archaische Bewusstsein*: *Vielleicht ist es, um im Gleichnis zu sprechen, der Paradieszustand, da der Mensch selbst noch ganz und gar eingeschlossen und undifferenziert und ungeschieden vom Kosmos, vom All, von Gott, oder wie immer man es auch benennen mag, lebt.*[80] Der Mensch hat noch keine eigene Identität. Er ist eins mit der Natur, ist mit ihr identisch.

Die *magische Bewusstseinsstruktur* ist die zweite Bewusstseinsstruktur: *Der Mensch bildet nicht mehr eine Identität, aber er bildet noch eine Einheit, eine Unität, mit allem, was ihn umgibt.*[81]... *Er versucht erstmals, sich als Mensch der Natur gegenüberzustellen, dieser Natur, in die er noch ganz eingebettet ist. Das äußert sich in magischen Jagdritualen, das äußert sich später in einer defizienten, also negativen Weise, in dem Zaubern. ... Der magische Mensch kann etwas nicht, was uns selbstverständlich ist, er kann nicht auf unsere Weise denken, folgern, kausal Beziehungen herstellen.*[82]

Aus dem magischen Schlafbewusstsein erwachend, formt sich das aus, was ich als die mythische Bewusstseinsstruktur bezeichnet habe. ... Mythisch ist das einander sich Ergänzende. Die Seele und ihre Bilderwelt, der Traum, sowohl der individuelle Traum als auch die Mythen der Völker ... sind einander verwandt. ... Hier kündigt sich schon eine gewisse Entzweiung an, die aber, wie dann im mentalen Bereich, noch keine Gegensätzlichkeit ist. Dieses Erwachen zur Polarität ist eine unerhörte Leistung. ... Es kommt noch etwas hinzu: Zum ersten Mal erhält der Mensch ein reflexives Bewusstsein dessen, was Zeit ist.[83]

Am Ende der mythischen Zeit geschah dann etwas absolut Überwältigendes, das für die damalige Menschheit in demselben Maße beängstigend, schmerzhaft, unruhestiftend und Weltuntergangvorstellungen auslösend war, wie das, was heute in unseren Tagen geschieht. Damals war es der Sprung aus dem mythischen Bereich in den mentalen Bereich, der heute noch in unserer Art zu

---

[80] Jean Gebser: *Einbruch der Zeit*, Seite 15.
[81] ebd., Seite 16 f.
[82] ebd., Seite 17
[83] ebd., Seite 20 f.

leben und die Welt zu betrachten, vorherrschend ist. Damals spielte sich dieses Geschehen für uns in Griechenland ab. ... Damals erwachte der Mensch gewissermaßen zum Tagesbewusstsein.[84]

Die *mentale Bewusstseinsstruktur*[85] machte dann in der Renaissance einen weiteren Wandel durch, der in Italien begann, sich allmählich über ganz Europa ausbreitete und heute die ganze Welt erfasst hat. Dieser Bewusstseinswandel, mit dem der damalige Mensch aus der Bewusstseinsstruktur des Mittelalters heraustrat, erweiterte sich und erfasste immer weitere Bereiche des Lebens. Das Ergebnis ist die sogenannte *Moderne*, in der wir heute leben. Diese *Moderne* ist nur die Vorbereitung zu einem noch viel weiter gehenden, gravierenderen Bewusstseinswandel, in dessen Prozess wir gegenwärtig mitten drinnen stehen.

In der Renaissance erwachte der Mensch für den äußeren Raum, was sich sehr deutlich in der Malerei zeigte, in der damals die sogenannte Perspektive entdeckt wurde. Damit war man in der Lage, erstmalig so malen zu können, dass der Betrachter mit dem inneren Blick in das Bild hineingehen und es räumlich empfinden kann. Man malte so, dass die Welt in einem auf die Bildfläche projizierten objektiven Raum abgebildet wurde. Diese Sichtweise war vorher nicht möglich gewesen, was man an den mittelalterlichen Bildern sehen kann.

Soweit die Ausführungen von Jean Gebser, zu denen ich noch etwas hinzufügen möchte: Was man erst seit dem Ende des 19. Jahrhunderts zu bemerken beginnt, ist, dass dieser objektive Raum eine Fiktion, eine Konstruktion des denkenden Bewusstseins, ist. So wird die Welt nämlich gar nicht wahrgenommen, wie sie von den realistischen Malern und der Fotografie abgebildet wird. In Wirklichkeit sieht man die Welt immer an einem Punkt scharf und im Umkreis unscharf. Je schärfer man ein Detail sieht, umso unschärfer ist der Rest. Und je mehr man das Ganze betrachtet, umso mehr verschwimmen die Details.

---

[84] ebd., Seite 23
[85] Ausdruck von Jean Gebser

Das wird an einer Augenkrankheit, der Makuladegeneration, deutlich. Die Makuladegeneration tritt in zwei Formen auf: Bei der einen Form sieht der Erkrankte im fortgeschrittenen Stadium nur noch den scharfen Punkt, den Umkreis sieht er nicht mehr. Bei der anderen Form sieht er den scharfen Punkt nicht mehr, sondern nur noch den Bereich außerhalb des scharfen Punktes, den er natürlich unscharf sieht.

Beim Sehen vollzieht man einen bewussten Prozess, denn man richtet die Aufmerksamkeit auf das hin, was man sehen möchte. Der Rest wird damit unscharf. Dieser bewusste Prozess wird ausgeklammert, wenn ein Bild gemalt wird, das überall gleich scharf ist.

Im Mittelalter konnte man noch keine Perspektive malen. Der Bewusstseinsprozess des Malers war aber noch in dem Bild drin, wenn auch auf eine – für unser heutiges Empfinden – naive Weise. Denn er malte die Dinge, die ihm bedeutungsvoll waren, z. B. groß und die übrigen klein oder kleiner.

Die Renaissancemalerei ist Ausdruck eines geänderten Bewusstseins, das den äußeren Raum entdeckte, aber sich dabei des eigenen Bewusstseins trotzdem noch nicht bewusst wurde. Der mittelalterliche Maler war sich seines eigenen Bewusstseins ebenfalls noch nicht bewusst. Sein Bewusstsein war zwar in dem Bild abgebildet, wenn er die jeweils bedeutenden Dinge groß und die unbedeutenden klein malte, aber er blieb dabei naiv. Wie ein Kind, das malt, bemerkte er gar nicht, dass ein Bild so gar nicht gesehen werden kann, wie er es gemalt hatte.

Was in der realistischen Malerei und der Fotografie zum Ausdruck kommt, ist ein anderes, aber ähnliches Phänomen. Man bemerkt auch jetzt nicht, dass die Welt nicht so gesehen wird, wie sie abgebildet wird. Dass man eine Fotografie auch nicht in allen Details gleichzeitig scharf sehen kann, bemerkt man, wenn man sie entsprechend vergrößert.

Die überall gleich scharf gesehene Welt ist ein Bild für die objektive Welt, die außerhalb des Bewusstseins von wahrnehmenden Wesen ‚an sich' bestehen soll. Diese Welt gibt es aber gar nicht, denn sie ist ein Konstrukt des Denkens. Auf keinen Fall wird sie je irgendjemand wahrnehmen oder denken können, weil man das nämlich nicht kann, ohne das eigene Bewusstsein dabei zu beteiligen.

6.3 Das instinktive Einheitsgefühl – die Automatfunktion aus der vergangenen Spirale – geht immer mehr verloren. Seine Reste lebten im Glauben und der antiken und mittelalterlichen Philosophie weiter.

Bei dem Übergang zum magischen Bewusstsein war die Intelligenz des Menschen so weit gewachsen, dass er sich der Natur bewusst gegenüberstellen konnte, ohne deshalb das instinktive Einheitsgefühl bereits aufgeben zu müssen. Damit war das instinktive Einheitsgefühl aber trotzdem bereits um eine Stufe abgeschwächt worden, denn dem archaischen Menschen war es noch nicht möglich gewesen, sich der Natur bewusst gegenüberzustellen.

Eine weitere Abschwächung erfolgte, als der Mensch aus dem magischen zum mythischen Bewusstsein erwachte. Das Gefühl und die Intelligenz des Menschen waren nunmehr so weit gewachsen, dass er die Gegensätze des Daseins wie Himmel und Erde, Licht und Finsternis, Geburt und Tod, Sieg und Niederlage, Liebe und Hass usw. erfassen konnte. Das instinktive Einheitsgefühl blieb dabei aber noch so stark, dass der mythische Mensch diese Gegensätze nicht unvereinbar gegenüberstellte, sondern auseinander hervorgehen ließ.

In der Zeit begannen auch die Mysterien und Einweihungen. Der Mensch war so weit selbstständig geworden, dass er aus seinem Es-Bewusstsein des instinktiven Einheitsgefühls Teile des vergangenen kosmischen Bewusstseins wieder heraufholen konnte.

Als dann das mentale Bewusstsein erwachte – in Europa war es in der Zeit der griechischen Kultur –, war der größte Teil des alten Es-Bewusstseins, des Einheitsgefühls, durch das persönliche Gefühl und die Intelligenz aufgelöst worden. Es blieb aber noch die instinktive Sicherheit im Denken und im Glauben erhalten, dass es außer der materiellen Welt eine geistige Wirklichkeit gibt, zu der man gehört.

Das griechische Denken hatte seine Sicherheit aus den Resten des vom Es-Bewusstsein getragenen instinktiven kosmischen Bewusstseins der vergangenen Spirale. Der Instinkt stützt das Bewusstsein von außen. Er kann prinzipiell nicht aus dem Ich kommen, weil er dazu dient, das Ich zu entlasten, so dass dieses nicht für jede geistige und körperliche Bewegung sein Bewusstsein einsetzen muss, sondern die Bewegungen automatisch ablaufen. Daher ist das Bewusstsein des Instinkts ein Es-Bewusstsein.

Dieses Es-Bewusstsein wurde dann allmählich von dem aufkommenden Denken aus dem Ichbewusstsein aufgelöst, weil das Es-Bewusstsein ein Instinktbewusstsein ist und das ichhafte Denken die Intelligenzenergie betätigt, wodurch die Instinktenergie an Einfluss verliert, denn die Intelligenzenergie und die Instinktenergie sind Polaritäten, die einander ausschließen.

Das lässt sich deutlich an der Philosophiegeschichte ablesen. Bis etwa zum Jahr 1000 wurde das Denken in Europa – und ich vermute nicht nur in Europa – so erlebt, dass man das Gefühl hatte, in den Gedanken eine geistige Realität vor sich zu haben. Das kam in der antiken Philosophie zum Ausdruck. Platon und Aristoteles waren sich darin einig, dass die Allgemeinbegriffe geistige Realitäten waren. Das wurde gar nicht debattiert, sondern von ihnen als Selbstverständlichkeit vorausgesetzt. Sie kamen gar nicht auf die Idee, das in Frage zu stellen.

Damit ist folgendes gemeint: Ein Allgemeinbegriff ist z. B. der Begriff *Rose*. Es gibt unzählige Rosen. Wir fassen die vielen einzelnen Rosen in dem Allgemeinbegriff *Rose* zusammen. Für die Menschen bis zum Mittelalter war es unzweifelhaft – sofern sie intelligent genug waren, um sich das bewusst machen zu können, was sie empfanden –, dass der Allgemeinbegriff *Rose* eine geistige Realität ist. Sie sahen in ihm ein Wesen, das die Gesetzmäßigkeiten enthielt, nach der alle Rosen gebildet werden.

Um das Jahr 1000 begann sich diese Selbstverständlichkeit zu ändern. Es traten Menschen auf, die dieses antike Denkgefühl nicht mehr hatten. Sie hatten das Gefühl, dass der Begriff *Rose* einfach nur ein Sammelname für alle Rosen ist, eine Abstraktion, weiter nichts. Die damaligen Philosophen mit diesen beiden unterschiedlichen Denkempfindungen gerieten jetzt in Streit miteinander. Es gab die sogenannten *Realisten* – eigentlich müsste man sagen *Begriffsrealisten* –, die das Denken noch antik empfanden, und es gab die sogenannten *Nominalisten,* die das Denken modern empfanden, denn heute dürften die meisten Menschen große Schwierigkeiten haben, sich das antike Denkgefühl auch nur vorzustellen.

Bei diesem Streit gewannen für einige Jahrhunderte die *Realisten* bis hin zu Thomas von Aquin[86], der noch ein Realist war und die Philosophie des Mittelalters und der katholischen Kirche prägte. Doch mit dem Ausgang des Mittelalters setzten sich die Nominalisten immer mehr durch. Heute haben sie auf der ganzen Linie gewonnen.

Im Glauben und im Begriffsrealismus lebten die letzten Nachklänge des instinktiven Einheitsgefühls, das von dem kosmischen Bewusstsein der vergangenen Spirale stammte, von dem sich der archaische, der magische und der mythische Mensch noch getragen fühlten. Diese Nachklänge haben sich heute bei vielen Menschen völlig aufgelöst, denen Begriffe wie Gott oder Schöpfung nichts mehr bedeuten.

Die aus der Antike überlieferten philosophischen Begriffe wie Gott, Wesen, Substanz oder Hierarchien – oder allgemeiner philosophisch ausgedrückt: die substantiellen metaphysischen Seinsbegriffe – sind Begriffe des Es-Bewusstseins, mit denen das denkende Ich in den späteren Jahrhunderten immer weniger anfangen konnte und die daher alle früher oder später aufgelöst wurden. Selbst die objektive Wahrheit erweist sich heute als ein Begriff des Es-Bewusstseins, weil die Existenz einer objektiven Wirklichkeit nicht bewiesen werden kann.

Wie kann man dann die Wahrheit eines Gedankens, einer Philosophie oder eines Glaubens beweisen? – Man kann sie überhaupt nicht beweisen, und man muss sie auch nicht beweisen. Das Leben wird ja auch nicht bewiesen, sondern gelebt. Wenn die Gedanken in dem Sinne gedacht werden, wie das Leben gelebt wird, dann erweisen sie sich als überzeugend oder als nicht überzeugend. Damit, dass der denkende Mensch alle überlieferten Es-Be-

---

[86] 1225-1274

griffe aufgelöst hat und jetzt alles in Zweifel zieht, ist die Geistesgeschichte der Menschheit keineswegs am Ende angekommen, denn die Überzeugungskraft des Denkens wird ja dadurch nicht aufgehoben, sondern es werden nur seine Grenzen aufgezeigt.

6.4 Seit dem archaischen Menschen hat die Schwereenergie im Menschen ab- und die Gefühlsenergie zugenommen. Die Gegenwartskrise wird vom Erlöschen der geistigen Instinkte bei der immer noch dominierenden Schwereenergie verursacht.

Während der Mensch das Tierreich repetiert, ist er ein einpoliges Wesen, bei dem die Schwereenergie dominiert. Durch das steuernde Überbewusstsein wird er während dieser Repetition zum wahren Menschen entwickelt. Das geschieht nicht nur durch die Polverwandlung, sondern auch dadurch, dass die Schwereenergie und die Instinktenergie langsam vermindert und die Gefühlsenergie und die Intelligenzenergie entsprechend verstärkt werden. Diese Prozesse sind davon begleitet, dass der aus der vergangenen Spirale mitgebrachte geistige Instinkt, durch den sich der Mensch von einem Einheitsgefühl getragen fühlte, langsam abnimmt, bis es ganz verschwunden zu sein scheint.[87]

Der Aufbau der Gefühlsenergie geschieht zunächst sehr langsam, so dass viele Jahrtausende vergehen, in denen der archaische und magische Mensch als Jäger und Sammler leben. Wenn die Gefühlsenergie dann allmählich so stark geworden ist, dass der Mensch seine Umwelt mit seinen Gefühlen durchdringen und in Bildern deuten kann, wird das magische durch das mythische Zeitalter abgelöst.

Je mehr die Gefühlsenergie anwächst, umso schneller verläuft die Entwicklung, weil der Mensch durch das Gefühl intensiver leidet, was dazu führt, dass er heftiger reagiert. Diese heftigen Reaktionen führen zu entsprechenden Gegenreaktionen, die dann wiederum seine Leiden am Leben und der Welt weiter verstärken.

---

[87] Das Einheitsbewusstsein bleibt latent vorhanden. Bei Verletzungen der linken Gehirnhälfte kann es wieder auftauchen. Siehe Jill B. Taylor: *Mit einem Schlag*

6. Im Laufe der Geschichte nimmt die Gefühlsenergie zu... 115

Wenn in der Gegenwart die Finsternis kulminiert und der *Tag des Jüngsten Gerichts* oder die *Götterdämmerung* herrscht, dann beruht das nicht darauf, dass die Schwereenergie ihre stärkste Entfaltung hat. Die stärkste Entfaltung der Schwereenergie dürfte in dem archaischen und dem darauf folgenden magischen Zeitalter gewesen sein. Seither hat die Gefühlsenergie kontinuierlich zugenommen, wobei sie aber immer noch der Schwereenergie unterlegen ist.

Die Gegenwartskrise beruht vor allem darauf, dass sich der geistige Instinkt – die verbliebene Automatfunktion des kosmischen Bewusstseins der vergangenen Spirale – aufgelöst hat. Von ihm waren – wie ich noch darstellen werde – in der Epoche des mentalen Bewusstseins zuletzt noch der Glaube und die geistige Sicherheit im Denken des antiken und des mittelalterlichen Menschen erhalten geblieben[88], die sich im jetzigen Zeitalter des Materialismus ebenfalls aufgelöst haben, jedenfalls für die Mehrheit der Menschen in der westlichen Welt.

Wie man an dem Symbol über die Kombinationen der Grundenergien[89] sehen kann, ist die Gefühlsenergie im wahren Menschenreich dazu bestimmt, die Schwereenergie zu besiegen, nicht die Intelligenzenergie, wie man vielleicht meinen könnte. In anderen Worten: Die Liebe besiegt das Tier im Menschen, nicht die Intelligenz. Weil die Gefühlsenergie des Menschen seit dem Auftreten des ersten archaischen Menschen langsam immer stärker wurde, während gleichzeitig seine Schwereenergie immer mehr abnahm, ist der Gegenwartsmensch trotz aller Schwierigkeiten wesentlich humaner als der archaische, der magische, der mythische, der antike und der mittelalterliche Mensch. Die Sklaverei und Volksbelustigungen mit Märtyrern, die von wilden Tieren zerrissen wurden, werden heute – ebenso wie Hexen- und Ketzerverbrennungen – allgemein als unerträglich empfunden. Das Positive vergangener Zeiten und Kulturen, wie der Respekt vor den Tieren und Pflanzen, der Glaube, die Gastfreundschaft oder der Ehrenkodex der Männer, beruhte nicht auf einer höher entwickelten Gefühlsenergie, sondern auf noch intakten geistigen Instinkten.

---

[88] siehe vorigen Abschnitt
[89] siehe die hintere Innenseite des Umschlags

Die Gegenwart ist dadurch gekennzeichnet, dass trotz einer bereits entwickelten relativ starken Gefühlsenergie die Schwereenergie immer noch vorherrschend ist, deren von ihr beherrschte Wesen jetzt mit Hilfe der Intelligenzenergie einen letzten Angriff unternehmen, um ihre Vorherrschaft für immer zu sichern. Dieser Angriff ist möglich, weil der schützende geistige Instinkt erloschen ist. Die dadurch möglich gewordene vollkommene Herrschaft der Schwereenergie, d. h. des radikalen Egoismus, gibt aber nicht die wirkliche innere Verfassung des modernen Menschen wieder, dessen bereits zu stark entwickeltes Gefühl sich dieser Welt des Egoismus, der Macht und Gewalt verzweifelt widersetzt, was zu Psychosen, Depressionen, Selbstmorden oder Gewalttaten aller möglichen Art führt.

Solange die Schwereenergie die stärkste Kraft im Menschen ist, ordnet sie sich die anderen Energien unter. Die inzwischen sehr stark entwickelte Intelligenzenergie wird von der Schwereenergie beherrscht. Das kommt darin zum Ausdruck, dass die Intelligenz die Dienerin des Egoismus ist und eingesetzt wird, um Macht und Überlegenheit zu gewinnen, was deutlich an der entwickelten Kriegsmaschinerie zu sehen ist. Die ebenfalls von der Schwereenergie unterworfene Gefühlsenergie wird eingesetzt, um die eigene Macht und die eigenen Begierden zu genießen.

Die Vorherrschaft der Schwereenergie kann man auch an der wissenschaftlichen Methode erkennen, die auf Abstraktion, Objektivität und einer Vorliebe für mechanische Modellvorstellungen beruht.

Wissenschaft kann man nur verstehen, wenn man ein genügend entwickeltes Abstraktionsvermögen besitzt. Zweifellos ist das eine sehr wertvolle Fähigkeit, die uns hilft, Dinge zu verstehen, die wir ohne Abstraktionsvermögen eben nicht verstehen könnten. Trotzdem ist aber der Zusammenhang des Abstraktionsvermögens mit der Schwereenergie unverkennbar. Denn das Abstrahieren beruht ja darauf, dass alle Einzelheiten unterdrückt und ignoriert werden, so dass nur das Allgemeingültige übrig bleibt. Der lebendige Zusammenhang der Erscheinungen und des Lebens wird beim Abstrahieren ausgelöscht. Solange man sich dessen bewusst ist, ist nichts gegen das Abstrahieren einzuwenden. Wenn man aber glaubt, in den durch Abstraktion gewonnen Gesetzmäßigkeiten einen Ausdruck der wahren Wirklichkeit vor sich zu haben, dann entsteht eine Täuschung.

In gleicher Weise werden bei dem Streben nach Objektivität die subjektiven Erlebnisse unterdrückt. Das Ergebnis führt zu Vorstellungen einer leblosen Welt, die nur mechanisch verstanden werden kann und mit mechanischen Modellvorstellungen beschrieben wird.

6.5 Das Geistesleben der Menschheit wird in den großen Perspektiven von ihrem Makrowesen, der Erde, bestimmt.

Die Erde ist das Makrowesen der Menschheit. Diese bildet das Gehirn der Erde, von dem jeder Mensch eine Lebenseinheit ist. Da nicht die Mikrowesen über das Makrowesen bestimmen können, sondern immer das Makrowesen über die Mikrowesen bestimmt[90], ist es nach Martinus so, dass die geistige Entwicklung der Menschheit in ihren großen Perspektiven und Veränderungen von der Erde als dem Makrowesen bestimmt wird. Dabei ist zu berücksichtigen, dass zwischen der Erde und dem Menschen ein gewaltiger Unterschied im Erleben der Zeit besteht. Martinus hat sich nicht festgelegt, wie groß dieser Unterschied ist, aber das spielt auch nicht die entscheidende Rolle. Es genügt, sich vorzustellen, dass Gedanken und Erlebnisse der Erde sich über Jahrhunderte erstrecken können. Sie verändern das geistige Klima, in dem wir uns befinden.

So sind beispielsweise die Religionen, einschließlich des Materialismus, zugleich Ausdruck von Gedanken der Erde. Diese Gedanken ziehen die Menschen an, die zu dem geistigen Klima passen und sich im rechten Augenblick inkarnieren. Sie liefern durch ihr Fühlen und Denken in ihrer millionenfachen Verdichtung durch die Millionen Gläubigen die Gedankensubstanz, in der das Gedankenleben der Erde vor sich gehen kann. Das Gedankenleben der Erde ist also so etwas wie ein Kollektiv, in dem der einzelne Gläubige oder Ungläubige – bei der Religion des Materialismus – lebt.

---

[90] siehe Abschnitt 3.3

Nun ist es in dem Zusammenhang entscheidend wichtig zu wissen, dass Martinus aus seinem kosmischen Wissen und Wahrnehmen heraus erklärte, dass sich unser Makrowesen in der Entwicklung des kosmischen Bewusstseins befindet. Wann dieser Prozess begann, hat er meines Wissens nicht angegeben. Aus dem gesamten Zusammenhang ergibt sich aber, dass es sich um einen Prozess handelt, der mit dem dreijährigen Wirken Christi seinen Anfang nahm.

Christus ist ein Mikrowesen der Erde, dessen Zeitablauf wesentlich schneller ist als der Zeitablauf der Erde, so dass er in den drei Jahren von der Jordantaufe bis zur Kreuzigung und Auferstehung das kosmische Bewusstsein verwirklichte, wofür die Erde ca. fünftausend Jahre braucht. Das bedeutet nicht, dass es vor Christus keine Menschen mit kosmischem Bewusstsein gab, denn dem dauerhaften kosmischen Bewusstsein pflegen kosmische Blitze vorauszugehen, die auch einen physischen Träger brauchen.

6.6 Die Erde wird vor der Zerstörung durch den Menschen geschützt.

Durch die forcierte Entwicklung des Intellekts ist eine gefährliche Mischung von Intellektualität und dem aus dem Tierreich fortwirkenden Egoismus entstanden, die sich bereits in zwei großen Weltkriegen und weiteren darauf folgenden lokalen Kriegen entladen hat. Außerdem hat das dazu geführt, dass die technisch entwickelten Nationen ihre Macht ausnutzen, um die Entwicklungsländer finanziell und wirtschaftlich auszubeuten.

Obwohl der Mensch bereits zu Martinus' Zeit große Teile der Natur zerstört und mit der Entwicklung der Atombombe die Möglichkeit in die Hand bekommen hatte, die Erde weitgehend unbewohnbar zu machen, befürchtete Martinus nicht, dass die Entwicklung entgleiten könnte. Er sah in der Erde das Makrowesen, in dem wir Menschen als Mikrowesen leben. Es sind nicht die Mikrowesen, die über Gesundheit oder Krankheit, Leben oder Tod des Makrowesens entscheiden, sondern es ist immer das Makrowesen selbst, von dem seine Gesundheit oder Krankheit, sein Leben oder

Sterben abhängen. So wenig unsere Zellen über unser Weiterleben entscheiden können, so wenig können wir Menschen über das Weiterleben der Erde entscheiden. Zwar ist es durchaus möglich, dass ein Planet zerstört wird, aber die Ursache dafür muss dann im Karma des Planeten liegen. Eine Zerstörung kann nicht gegen sein Karma von den Mikrowesen des Planeten herbeigeführt werden.

Martinus versichert, dass sich die Erde in einer sehr guten Entwicklung befindet, denn sie steht an der Schwelle zum dauernden kosmischen Bewusstsein. Dieser Schwellenübergang ist immer mit einer großen Krise verbunden. Weil für die Erde die Zeit viel langsamer verläuft als für uns Menschen, dauert der Schwellenübergang der Erde mehrere Jahrtausende. Wenn die Erde die Schwelle überschritten haben wird, wird sich die Lebenssituation der Menschen grundlegend verwandeln, da sie dann das wahre Menschenreich betreten.

Martinus sagte im privaten Gespräch[91], dass die bereitstehenden atomaren Zerstörungskräfte in der Zukunft nicht in ihrer Totalität eingesetzt würden, aber doch in dem Maße, dass die Menschheit am eigenen Leibe erfährt, was ein Atomkrieg bedeutet, und sich dann für den völligen Verzicht auf die Anwendung der Atomkräfte entscheidet. Bei seinem letzten Vortrag am 9. August 1980 im Falkoner-Center in Kopenhagen sagte er:

Ich will hier nicht näher darauf eingehen, sondern nur erwähnen, dass man jetzt so weit gekommen ist, dass eine Menge überirdischer oder Christuskräfte in Gang gesetzt sind, um zu bewirken, dass man die bereitstehenden Atomkräfte nicht auslösen kann.[92]

Dazu lesen wir im *Kosmos* 1-2011, der deutschen Zeitschrift des Martinus-Instituts:

Man wird natürlich neugierig, wie dieses Eingreifen der Vorsehung geschehen wird. Eine Teilantwort auf diese Frage ist faktisch jetzt auf der Internetseite „YouTube" als ein aufgezeichnetes Fernsehprogramm des bekannten Journalisten Larry King zugänglich.[93]

---

[91] Mitteilung von Gerard Oude Groen
[92] Deutscher *Kosmos* (Zeitschrift des Martinus-Instituts) Nr. 1 - 2011
[93] http://www.youtube.com/watch?v=tbUjiOTtcfo&feature=related

In dem Programm spricht er mit früheren Militärs, die in den Sechziger Jahren Chefs der Atomraketenanlage Malmstrom Airbase und Vandenberg Airbase in den USA waren. In dem Programm wird erzählt, dass 1967 zufällig das diensthabende Raketenpersonal berichtete, dass ein großer rotleuchtender Gegenstand über der Raketenanlage schwebte. Alle Energie verschwand schrittweise aus der Anlage und allmählich hörten sämtliche zehn Raketen eine nach der anderen auf zu funktionieren. Den ganzen Tag konnte man sie nicht wieder in Gang bekommen. Dasselbe trat bei einer gleichen Anlage an einem anderen Ort auf, wo auch zehn Raketen zu funktionieren aufhörten. Es wird auch berichtet, dass man Informationen hat, dass entsprechende Ereignisse auch in anderen Kernwaffenstaaten stattfanden. Im gleichen Fernsehprogramm wird ein Film von einem Probeschuss einer Rakete ohne Kernladung von der Vandenberg Airbase gezeigt, der von einem der interviewten Militärs aufgenommen worden war. Auf dem Film sieht man, wie ein UFO der Rakete während des Abschießens folgt, sich dem Sprengkopf nähert und ihn mit etwas bestrahlt, das einem Lichtstrahl ähnelt.

Die interviewten früheren Militärchefs sagen übereinstimmend, dass eine Untersuchungskommission gebildet werden sollte, die diese Phänomene wissenschaftlich studiert, die anscheinend nicht ernst genommen werden, obwohl sie in diesen Fällen so gut dokumentiert sind.

Seit Martinus' letzter Ansprache sind mehr als dreißig Jahre vergangen, und der Verlauf der Ereignisse hat ihm Recht gegeben. Wir wissen nicht, ob und bei wie vielen Atombomben die Zündung verhindert wurde, und werden es auch nicht so schnell erfahren. Die Gefahr der Auslösung eines dritten Weltkrieges besteht weiterhin. Gegenüber 1980 ist sie aber geringer geworden, da die unmittelbare Konfrontation der beiden Großmächte der USA und der Sowjetunion beendet wurde.

7. Auf die ‚Götterdämmerung' folgt eine Übergangszeit von etwa dreitausend Jahren, in der immer mehr Menschen kosmisches Bewusstsein erlangen. Danach werden sie sich im wahren Menschenreich materialisieren und dematerialisieren können.

7.1 Es kommt eine ‚Götterdämmerung'. Durch diese müssen alle Wesen hindurchgehen, ehe sie das Reich des Lichtes betreten können.

Nach Martinus existiert ein göttlicher Weltenplan, der bereits vor dem Entstehen der Erdenmenschheit *abgefasst und niedergelegt*[94] worden ist. Wie die Finsternisnatur des Menschen nur durch die Erfüllung besonderer dafür bestimmter Auslösungsbedingungen entstehen konnte, kann sie auch nur durch die Auslösung ebenso bestimmter besonderer Bedingungen wieder vergehen. Sonst müsste die Menschennatur in einen elementaren Zustand zurücksinken.

Der Tag des Jüngsten Gerichts oder die Götterdämmerung ist für alle Menschen unentbehrlich. Er ist kein Prozess, der nur die Schlechten trifft und die Guten verschont, sondern er ist die kosmische Lebensbedingung *absolut aller Wesen*[95], denn ohne durch diesen Tiefpunkt gegangen zu sein, kann kein Wesen wieder das Reich des Lichtes betreten. Ehe der Mensch sein wahres Reich betritt, soll er einen letzten unvergesslichen Eindruck des Tierreiches eingeprägt erhalten, um gegen die Finsternis immunisiert zu sein. Nur die Leidenserfahrungen öffnen die Pforte zum kosmischen Wissen. Alle Menschen müssen hier ihr Erleben des dunklen Schicksals und ihrer dunklen Wesensart abschließen, was nur dadurch geschehen kann, dass sie es durchleben.

Martinus rechnet zeitlebens mit weiteren Kriegen, sogar mit einem dritten Weltkrieg. Die Ursache sah er darin, dass ein großer Teil der Menschheit noch nicht einmal an dem Punkt angekommen

---

[94] LB4, Z. 1377
[95] LB4, Z. 1366

ist, an dem die Nächstenliebe wenigstens als Theorie oder Idee aufgenommen werden kann.

Etwa drei Monate vor seinem Tode sprach er unverhüllt über den kommenden Zusammenbruch der Zivilisation und die Umgestaltung der Erde. Dabei sagte er:

Die Menschen, die so weit gekommen sind, dass sie nicht mehr stehlen, morden, in den Krieg ziehen und böse Handlungen begehen können, brauchen keine Angst vor der Götterdämmerung zu haben. Das bedeutet jedoch nicht, dass sie nicht vom Tod getroffen werden können, er kann nämlich die einzige Rettung für sie sein. Der Tod ist ja eine Geburt. Wenn die Götterdämmerung rast, Häuser einstürzen, Vulkane ausbrechen und alles zusammenbricht, dann können diejenigen, die dieses Karma nicht haben, in vielen Fällen nicht anders gerettet werden. Es gibt ja so viele, die in direkter Nachbarschaft wohnen. Für den einen steht vielleicht ein schreckliches Karma bereit, während andere dieses schreckliche Karma nicht haben. Dadurch könnte das Schicksal ungerecht werden. Aber hier zeigt sich, dass der Tod nicht nur das Ende des physischen Lebens, sondern genauso gut auch eine Rettung ist.[96]

In den nachgelassenen Schriften von Martinus können wir dazu lesen:

Es wird eine sehr finstere Karmaauslösung kommen, ja, so viel Karmaauslösung, dass diese zuletzt den Krieg, den Schmerz und das Leid zunichte macht. Ja, alle Finsternis wird von ihrem (der Menschen UT) Leben und Gebieten verschwinden.[97]

Nach diesen Ereignissen wird die Erde geringer bevölkert sein. Kosmisch gesehen ist die Auslösung dieser Finsternis ein mentales Reinigungsbad, das den Menschen über das Tierreich erhebt.

---

[96] Ende 2006 im deutschen Kosmosheft des Martinus-Instituts veröffentlicht.
[97] IC, Z. 89

7. Auf die ‚Götterdämmerung' folgt eine Übergangszeit

Das strahlende Licht dieses göttlichen Reiches beginnt nun, über der Sphäre der Finsternis und der Leiden aufzugehen, und wird von unserer Zeit an und künftig in Form von Geisteswissenschaft und kosmischen Analysen das Bewusstsein der Menschheit zur Nächstenliebe inspirieren.[98]

7.2 Durch den Zusammenbruch der Zivilisation wird die Erde ihr harmonisches Gleichgewicht wiederherstellen.

Martinus beschreibt den Organismus der Erde nicht. Anhand seiner Angaben können wir uns aber ein Bild von diesem Organismus machen.

Er sagt, wir Menschen seien Lebenseinheiten im Gehirnorgan der Erde. Damit ist deutlich, dass sich das Gehirnorgan der Erde nicht wie unser Gehirnorgan an einem Ort des Erdkörpers befindet, sondern sich über die Oberfläche des gesamten Globus erstreckt, wobei es Orte gibt, an denen es verdichtet ist, und Orte – wie z. B. die Wüsten, die Hochgebirge, die Meere und die Polarregionen –, an denen wir es so gut wie gar nicht finden. Die Lebenseinheiten dieses Gehirnorgans sind frei beweglich wie die Ameisen eines Ameisenhaufens, die einen Organismus bilden und deren Tätigkeiten aufeinander abgestimmt sind.

Ferner sagt Martinus, dass jedes Makrowesen das Leben seiner Mikrowesen als Stoff wahrnimmt. So werden beispielsweise die Religionsgemeinschaften von der Erde als Stoff wahrgenommen.[99] Dieser Stoff wird aus den religiösen Gefühlen und Gedanken der Menschen gebildet, die zu der jeweiligen Religionsgemeinschaft gehören. Ebenso nimmt die Erde auch die verschiedenen Völker als Stoffe wahr. Die Völker unterscheiden sich durch die jeweils unterschiedlichen Verhaltensweisen, Gedanken und Gefühle der zu ihnen gehörenden Menschen, was für die Wahrnehmung der Erde in unterschiedlichen Stoffen zum Ausdruck kommt, durch die sie die Völker unterscheidet. Innerhalb der Völker gibt es dann

---

[98] EW2, Z. 26.7
[99] siehe Abschnitt 4.3

wieder Stämme, die sich voneinander ebenfalls durch charakteristische Verhaltensweisen unterscheiden, so dass der Stoff der Nationen von ihnen wiederum nuanciert wird. Daneben gibt es auch noch andere, teils punktuelle, teils erdumspannende Gemeinschaften, die als Stoffe wahrgenommen werden. Ich meine die Firmen, Gewerkschaften, Parteien, Vereine usw. Das Gehirnorgan der Erde ist für die Erde also ein sehr komplexes, fluktuierendes, den ganzen Globus umspannendes Gebilde.

Martinus sagt meines Wissens nicht, wie die Erde dieses Gebilde wahrnimmt, ob als Innenwelt oder als Außenwelt. Wir nehmen unsere Organe als Innenwelt wahr. In der Regel bemerken wir sie nur, wenn ihr Wohlbefinden gestört ist. Wir haben von ihnen keine äußere Wahrnehmung. Äußerlich können wir sie nur bei anderen Lebewesen wahrnehmen.

Meines Erachtens spricht sehr viel dafür, dass die Erde ihre Organe als Außenwelt wahrnimmt, so dass sie diese also vor sich hat. Denn wozu sollte sie in ihre eigentliche Außenwelt, d.h. in den Himmelsraum, gerichtete Sinnesorgane entwickeln, wenn sie sich mit ihrem physischen Körper gar nicht frei in der Außenwelt bewegen kann und auch in gar keiner Weise von der Außenwelt gefährdet wird? Es gibt für sie ja keinen Grund, ihre Aufmerksamkeit auf ihre Außenwelt, den Himmelsraum, zu richten.

Deswegen müssen die Wahrnehmungen der Erde aber nicht auf ihren eigenen Organismus beschränkt sein. Es wäre ja denkbar, dass auch die Erde wie die Menschen und Tiere zwischen Wachen und Schlafen wechselt und im Schlaf die anderen Planeten und Himmelskörper besucht, vielleicht auch andere Sonnensysteme, wie wir uns ja auch im Schlaf in der Astralwelt bewegen. Es könnte auch sein, dass sich die Himmelskörperwesen im Schlaf treffen und miteinander leben. Es könnte Liebesbeziehungen und Feindschaften unter ihnen geben wie unter Menschen.

Mit der obigen Darstellung haben wir uns eine Vorstellung von dem Gehirn als einem Organ der Erde gebildet. Die Erde hat aber sehr viele Organe, auch tierische und pflanzliche Organe. Wenn von der Erde die Menschengemeinschaften als Stoff wahrgenommen werden, dann werden von ihr auch die Tier- und Pflanzengemeinschaften so wahrgenommen. Es gibt für die Erde also Stoffe

7. Auf die ‚Götterdämmerung' folgt eine Übergangszeit

für die Erlebnisformen der Hasen, der Wölfe, der Habichte, der Wale usw. sowie der Pflanzengemeinschaften aller Art, die sich ebenfalls über die Erde erstrecken.

Diese Stoffe sind Organe der Erde. Unsere Organe sind aber Wesen, wie ja bei Martinus alles wesenhaft ist. Folglich sind auch die beschriebenen auf Gemeinschaften beruhenden Stoffe alle wesenhaft. In der Anthroposophie spricht man von den Gruppenseelen der Tiere und Pflanzen und von den Völkerseelen[100], die Unterorgane im Gehirn der Erde wären, vergleichbar mit unseren verschiedenen Gehirnarealen mit ihren unterschiedlichen Aufgaben.

Wie die Erde diese verschiedenen Organschwingungen wahrnimmt, die alle gleichzeitig ineinander schwingen, ob mit allen fünf Sinnen wie wir, müssen wir hier offen lassen. Es könnte auch sein, dass die Erde ganz andere Sinnesempfindungen hat als wir, von denen wir uns gar keine Vorstellung bilden können, weil wir noch nie in dieser Weise wahrgenommen haben.

Ganz deutlich ist aber, dass dieses gesamte Schwingungsfeld seit dem Beginn der Industrialisierung gestört ist, weil eine Schwingungsart, die menschliche, sich fast alle anderen Schwingungen unterworfen und sich wie ein Geschwür übermäßig ausgedehnt hat. Sie ist zur dominierenden Schwingungsart geworden, von der fast alle anderen Schwingungen leicht bis drastisch eingeschränkt, teilweise sogar vernichtet worden sind.

Um weiterleben zu können, muss die Erde diese Störung überwinden und die für ihr Wohlbefinden notwendige harmonische Ordnung wiederherstellen. Was für die Erde ein Gesundungsprozess ist, ist für die gegenwärtige Menschheit der in Aussicht stehende Zivilisationszusammenbruch. Diese Katastrophe betrifft aber in der Regel nur unsere gegenwärtige, unter Umständen auch unsere nächste Inkarnation. Nach der Heilung der Erde haben wir dann in unseren folgenden Inkarnationen eine harmonische, schöne Naturumgebung zu erwarten.

---

[100] Rudolf Steiner: *Die Mission einzelner Volksseelen im Zusammenhang mit der germanisch-nordischen Mythologie*

7.3 Der Mensch entwickelt ein neues aperspektivisches Bewusstsein.

Der Materialismus des Gegenwartsmenschen entstand nicht zufällig, sondern wurde – wie man an den Darlegungen von Jean Gebser sehen kann[101] – durch Jahrtausende vorbereitet. Erst als sich aus der mythischen die mentale Bewusstseinsstruktur entwickelt hatte, waren die Voraussetzungen für eine logische Wissenschaft mit klaren Ja- oder Nein-Entscheidungen gegeben. Diese Voraussetzungen wurden nochmals dadurch verstärkt, dass das Bewusstsein der Menschen seit der Renaissance immer mehr in den äußeren Raum hineingezogen wurde, bis man schließlich den äußeren Raum als die einzige Wirklichkeit empfand und sich damit von allen religiösen und geistigen Welterklärungen abwandte.

Durch den Zusammenbruch der vom Materialismus geprägten Zivilisation wird der Mensch den Materialismus überwinden können. Es wird ihm möglich werden, die Welt immer mehr aus der Doppelpoligkeit zu erleben, wenn diese auch noch nicht organisch sein wird, sondern durch eine Zusammenfassung der äußeren und inneren Sicht- und Erlebnisweise entsteht. Damit kommt dann das zum Durchbruch, was Jean Gebser als die *aperspektivische* Bewusstseinsstruktur kommen sah.

Die aperspektivische Sichtweise ist etwas anderes als die unperspektivische Sichtweise. Bei der unperspektivischen Sichtweise ist sich der Mensch des Raumes gar nicht bewusst. Bei der aperspektivischen Sichtweise ist er sich des Raumes dagegen sehr wohl bewusst, aber er empfindet ihn als zur Wahrnehmung gehörend. Er hat das Gefühl, dass der Raum nicht außer ihm ‚an sich' besteht, sondern zur Wahrnehmung gehört und die Art ist, wie die Wahrnehmungen angeordnet sind. Er fühlt sich mit seinem Ich nämlich außerhalb des Raumes. Er bemerkt, dass er gar keinen objektiven Raum wahrnehmen kann, sondern dass er ihn an einem Punkt scharf und im Umkreis unscharf sieht. Je schärfer er etwas ins Auge fasst, je unschärfer wird der Umkreis und umgekehrt. Das

---

[101] siehe Abschnitt 6.2

bemerkt er, weil er sich beim Wahrnehmen seines eigenen Bewusstseins bewusst wird.

Eine gleiche Veränderung tritt in Bezug auf die Zeit ein. Der moderne Mensch ‚hat keine Zeit'. Warum nicht? – Weil er von der Zeit so aufgesaugt wird wie vom Raum. Wenn er sich mit seinem Ichgefühl aus dem Raum herauslösen wird, dann wird er sich auch aus der Zeit herauslösen. Er wird dann das Gefühl haben, dass er sich mit seinem Ich in der Zeitlosigkeit befindet, aus der heraus er sich den Zeitablauf anschaut. Die Zeit empfindet er als außerhalb von sich befindlich, wie er auch den Raum außerhalb von sich empfindet.

Das aperspektivische Bewusstsein, in dem sich der Mensch außerhalb von Raum und Zeit empfindet, bewirkt, dass er sich in die vergangenen Bewusstseinsstrukturen – also das mythische, das magische und das archaische Bewusstsein – versetzen kann. Dadurch bekommt er einen anderen Zugang zu seinem Unterbewusstsein, in dem diese Bewusstseinsstrukturen ja noch vorhanden sind.

7.4 Im Denken wird man wieder eine Realität empfinden, die aber nicht vom Es-Bewusstsein getragen ist, sondern aus der Schöpfungskraft des Ichs stammt. Die Gefühle wandern von innen nach außen.

Der materialistische Glaube wurde nicht nur durch die Entwicklung des mentalen und perspektivischen Bewusstseins hervorgerufen, sondern auch durch die bereits besprochene Veränderung des Denk-Erlebens[102]. Im Denken konnte keine Wirklichkeit mehr empfunden werden, als es nicht mehr von den Resten des Es-Bewusstseins aus der vergangenen Spirale getragen war.

Es wäre eine interessante Sache, eine Ergänzung zum Werk von Gebser zu schreiben, in der gezeigt wird, dass in den letzten Jahrhunderten zunehmend wieder Menschen auftraten, die in dem Denken eine Realität empfanden. Wenn der Materialismus in der

---

[102] siehe Abschnitt 6.3

Zukunft wieder zusammenbrechen wird, dann auch deshalb, weil die Menschen wieder das Gefühl haben werden, im Denken in einer geistigen Wirklichkeit zu leben.

Das bedeutet nicht notwendigerweise, dass damit der *Realismus* der Antike und des Mittelalters zurückkehrt.[103] Dieser war nämlich auch davon geprägt, dass die Begriffe unabhängig vom denkenden Menschen oder einem anderen denkenden Wesen existieren. Das wird man sehr wahrscheinlich nicht empfinden können, sondern man wird das Gefühl haben, dass man die Begriffe selbst hervorbringt, wie man auch das Gefühl haben wird, dass man die Wahrnehmungen selbst hervorbringt. Wie man beim Wahrnehmen aber das Gefühl hat, dass die Wahrnehmungen eigene Abbilder der physischen Wirklichkeit sind, wird man auch beim Denken das Gefühl haben, dass die Begriffe eigene Abbilder geistiger Wirklichkeiten sind.

Eine weitere Bewusstseinsveränderung besteht darin, dass die Gefühle von innen nach außen wandern. Damit meine ich, dass die Gefühle sich mit den Wahrnehmungen – zunächst mit den eindrucksvollsten Wahrnehmungen, den Naturwahrnehmungen – verbinden. Das begann in Deutschland Ende des 18. Jahrhunderts mit der Goethezeit und setzte sich dann in der Romantik und den darauf folgenden Strömungen fort. Es zeigte sich vor allem in der Dichtung und der Malerei.

Diese Bewusstseinsveränderung wird auch am Tourismus deutlich. Vor einigen Jahrhunderten noch hat man sich keineswegs zum Vergnügen im Gebirge aufgehalten und ist auch nicht ans Meer gefahren, denn man hat die Natur nicht so genießen können, wie man sie heute genießen kann. Dieser Trend dürfte sich in der Zukunft noch wesentlich verstärken und auch die kleineren Einzelheiten des Lebens erfassen, nicht nur das großartige Naturpanorama, so dass man sich immer in einer gefühlten Umgebung bewegt.

---

[103] siehe Abschnitt 6.3

7. Auf die ‚Götterdämmerung' folgt eine Übergangszeit

7.5 Der neue Weltimpuls wird wirksam, wenn das imaginative, vom Gefühl getragene Denken entwickelt ist, das sich dem anderen Menschen und der Welt zuwendet.

Die kommende ca. dreitausendjährige Übergangszeit zum wahren Menschenreich beginnt für jeden Menschen in dem Augenblick, in dem die Gefühlsenergie zu seiner stärksten Kraft geworden ist. Seine Intelligenzenergie nimmt danach weiterhin stark zu, und die Intuitionsenergie, die vorher nur latent vorhanden war, beginnt zu erwachen. Gleichzeitig nehmen seine Schwereenergie und seine Instinktenergie stark ab. Seine Gedächtnisenergie wird immer schwächer, und sein Gedächtnis wird allmählich durch die Intuition ersetzt.[104]

Damit beginnt der *neue Weltimpuls*[105] wirksam zu werden, der darauf beruht, dass nicht mehr die Schwereenergie, sondern die Gefühlsenergie die dominierende Kraft des Menschen ist. Zum *alten Weltimpuls* gehören demgegenüber alle vergangenen Zivilisations- und Kulturerscheinungen, bei denen die Schwereenergie oder die Selbstbehauptung und der Egoismus dominieren, auch wenn sie im Gewand des Idealismus oder des Glaubens auftreten.

Weil sich die einzelnen Menschen an unterschiedlichen Entwicklungsorten befinden, vollzieht sich der Übergang für die Gemeinschaft nicht schlagartig, sondern der alte Weltimpuls läuft bei vielen Menschen noch weiter, während der neue Weltimpuls bei anderen bereits mit seiner Entfaltung begonnen hat.

Wenn die Gefühlsenergie dominiert, wird sie zu einer aktiven Kraft, die das Lebenserleben umgestaltet. Dadurch wird das Leben anders erlebt und wahrgenommen als bisher. Die Gefühlsenergie entzündet sich an der Begegnung mit anderen Menschen und Wesen (Tiere, Pflanzen, Mineralien, Geistwesen). Alle Sinnesempfindungen beruhen nach Martinus auf Gefühlsenergie. Damit rücken die anderen Menschen und die Umwelt in das Zentrum des Interesses und werden zum Lebensinhalt. Machtausübung und Gefühlsenergie vertragen sich nicht miteinander, denn hinter der

---

[104] siehe Abschnitt 3.6
[105] Bezeichnung von Martinus

Machtausübung steht die Schwereenergie, der Selbstbehauptungswille. Dagegen steht hinter der Gefühlsenergie die Teilnahme am Anderen, der Wunsch, ihn zu fördern und mit ihm eine Gemeinschaft zu bilden.

Gegenwärtig wird nicht nur unsere Intelligenz, sondern auch unser Fühlen noch von der Schwereenergie beherrscht. Der gefühlsbetonte Mensch ist in der Regel genauso egoistisch wie der intelligenzbetonte. Der Egoismus äußert sich nur anders. Nicht die Anderen, sondern das Ego steht im Mittelpunkt der Gefühle. Dieses Gefühl ist auch noch keine aktive Kraft, die vom Menschen ausgeht, sondern eine passive Reaktion auf das, was durch die Vorherrschaft der Schwereenergie geschieht.

Weil heute auch das Denken noch durchgehend von der Schwereenergie beherrscht wird, entsteht nicht nur die oben besprochene wissenschaftliche Methode, sondern auch der Dogmatismus der verschiedenen Glaubensrichtungen ebenso wie der Dogmatismus des allein gültigen wissenschaftlichen Materialismus, denn Dogmatismus beruht darauf, das eigene Denken anderen Menschen aufzwingen zu wollen und kein anderes Denken gelten zu lassen, weil dadurch die eigene Herrschaft gefährdet wird.

Demgegenüber fördert die Dominanz der Gefühlsenergie ein Denken, das von Liebe getragen und von lebhaften Empfindungen und Bildern begleitet wird. Dieses Denken hat eine imaginative Kraft. Es erweckt heilende und psychische Fähigkeiten wie Hellsehen und Vorauswissen. Es richtet sich nicht darauf, Recht zu haben und sich durchzusetzen, sondern darauf, den anderen Menschen zu verstehen. Dadurch wird aller Dogmatismus aufgehoben. Das vom Gefühl getragene Denken kann die alten Bewusstseinsstrukturen wieder beleben und ist daher auch in der Lage, sich in das abstrakte Denken des mentalen Zeitalters zu versetzen und dieses zu handhaben, wenn es angebracht und notwendig ist.

7. Auf die ‚Götterdämmerung' folgt eine Übergangszeit 131

7.6 Naturwissenschaft und Geisteswissenschaft werden zusammenfinden. Die Technik wird sich noch sehr viel weiter entwickeln. Es werden neue Gemeinschaftsformen entstehen, die von kosmisch bewussten Menschen geleitet werden.

Martinus erwartet für die Zukunft ein Zusammenfinden von Naturwissenschaft und Geisteswissenschaft, womit er eine Geisteswissenschaft meint, die von realen geistigen ‚Dingen' spricht, wie es bei seiner Geisteswissenschaft der Fall ist.

Dieses Zusammenfinden ist nicht nur deshalb schwierig, weil die Naturwissenschaft messbare Ergebnisse verlangt, die von der Geisteswissenschaft aus der Natur der Sache heraus nicht geliefert werden können, denn sie hat es ja nicht mit messbaren Phänomenen zu tun. Sondern sie ist auch deshalb schwierig, weil die Naturwissenschaft wertneutral ist, was die Geisteswissenschaft nicht ist. *Alles ist sehr gut* sagt Martinus, und das ist aus Sicht der Naturwissenschaftler eine völlig unwissenschaftliche Aussage.

Die Wertneutralität ist das Arbeitskonzept der Naturwissenschaftler. Dass die Natur wertneutral ist, kann aber auch nicht bewiesen werden, weil es weder messbar noch logisch beweisbar ist, denn ein solcher logischer Beweis setzt bereits bestimmte Werte voraus. Das Gleiche trifft selbstverständlich für die Weltsicht von Martinus zu, die zu der Aussage kommt: *Alles ist sehr gut.*

Im Sinne von Martinus beruht die Wertneutralität auf dem Finsternisimpuls, für den die Liebe keine Wirklichkeit im Sinne einer wirkenden Kraft ist, sondern ein subjektives Gefühl. Der Zusammenbruch der materialistischen Kultur und das Heraufkommen des aperspektivischen Bewusstseins werden auch hier zu einem Umschwung führen. Man wird erkennen, dass es zur Zerstörung führt, wenn man für die Liebe in der Wissenschaft keinen Raum lässt.

Die Naturwissenschaft wird sich nicht mit der Geisteswissenschaft zusammenschließen, weil die Richtigkeit der Geisteswissenschaft bewiesen sein wird – das ist meines Erachtens gar nicht möglich –, sondern weil die Geisteswissenschaft auf Liebe beruht und die Naturwissenschaftler infolge ihrer geänderten Einstellung ebenfalls aus Liebe zum Wohle aller handeln möchten.[106] Das wird sich wiederum auf die Technik und die Wirtschaftsformen auswirken, bei denen man die Erde als Makroorganismus im Auge haben wird, den man fördern und nicht schädigen möchte. Den zu erwartenden Zusammenbruch dürften die auf einer riesigen internationalen Verflechtung beruhenden großen umweltzerstörenden Verkehrssysteme wie der Autoverkehr, der Flugverkehr und der größte Teil des Seeverkehrs nicht überleben. Dass in der danach beginnenden Neuorientierung die alten Systeme wieder aufgebaut werden, ist sehr unwahrscheinlich, auch gar nicht nötig, weil sich der Verkehr mit viel weniger Aufwand als Gemeinschaftslösung organisieren lässt.

Martinus erwartet für die Zukunft eine erhebliche Weiterentwicklung der Technik und die Nutzung heute noch unbekannter Energien wie der Raumenergie. Diese Technik wird mit einem viel stärkeren Gemeinschaftsleben als heute verbunden sein. Dadurch wird der Ressourcenverbrauch stark vermindert, weil man einen hohen Lebensstandard auf Gemeinschaftsbasis haben wird. Zwei Stunden Arbeit pro Tag werden genügen, um einen Wohlstand von Millionären zu schaffen. Dieser Wohlstand wird aber kein individueller, sondern ein gemeinschaftlicher Wohlstand sein. Martinus sieht die Menschen gemeinsam in schlossähnlichen Gebäuden in ausgedehnten Parkanlagen wohnen.

Die Organisation des Gemeinschaftslebens, das, was wir heute Politik nennen, wird allmählich auf kosmisch bewusste Menschen übergehen – von denen nach und nach immer mehr heranreifen –, weil die anderen Menschen so hellsichtig sind, dass sie die Überlegenheit und Selbstlosigkeit der kosmisch bewussten Menschen wahrnehmen können und sie für diese Aufgabe wählen.

Martinus sagt ferner, die Wirtschaft werde nur noch eine dienende Funktion haben. Die Hauptaufgabe der Gemeinschaftsleitung

---

[106] Wie mir Gerard Oude Groen erzählte, sagte Martinus zu ihm, die Naturwissenschaft werde so feine Apparate entwickeln, dass damit den Zuschauern z. B. die silberne Lebensschnur oder die Ereignisse auf Golgatha vorgeführt werden können. Das würde dann bedeuten, dass die Wahrheit der Geisteswissenschaft auf einigen Gebieten anschaulich vorgeführt werden könnte.

werde darin bestehen, dafür zu sorgen, dass die Menschen richtig ausgebildet werden und jeder nach seinen Fähigkeiten an dem richtigen Platz steht, so dass er zum Wohle aller wirken kann. Es werde sich eine Weltregierung herausbilden, die aber nicht auf Macht, sondern auf freien Vereinbarungen beruht. Das Geld werde von einem Verrechnungssystem abgelöst, und es werde eine einheitliche Weltsprache geben. Martinus glaubt, dass das Esperanto oder eine ähnliche Weltsprache sein wird.

7.7 Die Sexualität wird auf eine selbstlosere Weise erlebt werden als heute.

Die bevorstehende Übergangszeit zum wahren Menschenreich wird von dem Ideal der Doppelpoligkeit geprägt sein. Es fällt uns zunächst schwer, uns eine Gesellschaft doppelpolig empfindender Menschen vorzustellen. Welcher Antrieb zum Leben bleibt dann noch, wenn jeder Mensch sich selbst genug ist, weil er gleichzeitig männlich und weiblich fühlt? Ist dann nicht jeder ein Einzelgänger, nur noch in sich selber kreisend, weil er dort sein höchstes Glück bereits findet, denn er empfindet ja gleichzeitig männlich und weiblich?

Diese Vorstellungen sind von unserer viele Jahrtausende – wahrscheinlich sogar Hunderttausende – währenden Einpoligkeit geprägt. Unser Überbewusstsein ist aber aus dem Urbegehren geboren, die ganze Fülle des göttlichen Seins zu erleben und zu manifestieren, die weit über die Einpoligkeit hinausgeht. Das Überbewusstsein wendet jetzt seine Schöpfungsrichtung von der Finsternis zum Licht und beginnt damit eine ganz neue Phase.

In der Finsterniszone des Daseins wirkt das Urbegehren dahin, ein Einzelwesen zu sein, das getrennt von der Einheit mit allen Wesen nur sich selbst erlebt. Nachdem dieses Begehren in der Repetition des Tierreiches kulminierte und seine Erfüllung gefunden hat, sehnt sich der Mensch zurück nach der Einheit mit allen Wesen und der Einheit mit der Gottheit, von der er einmal ausgegangen ist.

Diese Sehnsucht führt als Erstes zu Liebe und Mitgefühl für einen nahestehenden Menschen, ob er mit einem verheiratet ist oder nicht, ob er zur eigenen Familie gehört oder nicht. Später führt diese Sehnsucht zu Liebe und Mitgefühl für alle Menschen und schließlich für alle Wesen. Die physisch-seelische Doppelpoligkeit führt zu dem Wunsch, sich mit Menschen, die man liebt, zu vereinen, dem gleichzeitigen Wunsch, in sie einzudringen (männlich) und sich ihnen hinzugeben (weiblich).

So entsteht ein neues Erleben der Sexualität, die von beiden Partnern gleichzeitig eindringend und hingebend erlebt wird. In der Übergangszeit, in der die Menschen beginnen, doppelpolig zu fühlen, in der bereits Menschen inkarnieren werden, die zum kosmischen Bewusstsein erwachen, in der die Menschen aber noch von Müttern geboren werden[107], bleibt die alte organisch gebundene Sexualität bestehen, wird aber zunehmend doppelpolig erlebt. Das heißt, auf der körperlichen Ebene ist der Mann eindringend und die Frau hingebend und empfangend, und auf der seelischen Ebene ist die Frau in das Wesen des Mannes eindringend, und der Mann gibt sich ihr in seinem Wesen hin. Die neu erlebte Sexualität wird also gleichzeitig körperlich und seelisch erlebt. Körperlich erlebt sie der Mann weiterhin männlich, aber seelisch weiblich. Bei der Frau ist es umgekehrt. Sie erlebt die neue Sexualität seelisch männlich und körperlich unverändert weiblich.

Weitere Veränderungen in der Sexualität ergeben sich dadurch, dass diese wegen der Doppelpoligkeit ihre starke Bindung an das andere Geschlecht verliert. Dadurch gehen bereits heute zunehmend mehr Menschen homosexuelle und lesbische Beziehungen ein. Da die zukünftige Sexualität aber immer stärker doppelpolig erlebt wird und dadurch auch weiblichen Männern und männlichen Frauen eine Befriedigung geben kann, dürften die homosexuellen und lesbischen Beziehungen in der Zukunft wahrscheinlich wieder stärker abnehmen, da ihnen ja die Basis für eine auch organisch vollkommene Befriedigung fehlt.

Eine Veränderung dürfte sich auch bei den Paarbeziehungen ergeben. Die einpolige Sexualität ist organisch gebunden. Sie be-

---

[107] Im wahren Menschenreich, das nach etwa 3000 Jahren beginnt, werden die Menschen nicht mehr geboren, sondern sie werden sich materialisieren und dematerialisieren.

7. Auf die ‚Götterdämmerung' folgt eine Übergangszeit

ginnt mit der Verliebtheit, die durch Hormonabsonderungen hervorgerufen wird. Solange der Mensch noch kein starkes gegenpoliges Innenleben entwickelt hatte, genügte die hormonelle Steuerung, um eine lebenslange Verliebtheit hervorzurufen, so dass die Flitterwochen nach Martinus ein ganzes Leben währen konnten.

Gegenwärtig lässt sich aber eine lebenslange Beziehung nur noch durchhalten, wenn sie auch seelisch von Liebe und gegenseitigem Verständnis getragen ist. Das ist bei vielen Ehen der Fall, die dann aber trotzdem scheitern, weil durch die anwachsende Doppelpoligkeit bei einem der Partner eine Zuneigung und Liebe zu einem anderen Menschen erwacht, die sich mit der Sexualität verbindet und zu Untreue und Ehebruch führt, was der andere Partner dann nicht verkraftet.

Es kommt noch hinzu, dass durch die sich vorbereitende Doppelpoligkeit ein viel eindringenderer Blick entsteht. Die Frauen haben bereits so viel Männliches aufgenommen, dass sie die Männer nicht mehr nur noch bewundern, sondern die Blindheit der Männer bei ihrem Streben nach Beherrschung der Welt sehen, kritisieren und nicht mehr ertragen wollen.

Auf der anderen Seite haben auch die Männer bereits so viel vom weiblichen Gegenpol aufgenommen, dass sie die Frauen nicht mehr nur noch lieben, sondern ihren Egoismus und ihr Verhaftetsein am Genuss ihrer Gefühle bemerken und dem nicht mehr nachgeben möchten. Daher bezeichnet Martinus die Gegenwart auch als *die Zone der unglücklichen Ehen*.

Aus dieser Zone werden wir aber durch unsere überbewusste Steuerung in der bevorstehenden Übergangszeit zum wahren Menschenreich wieder herausfinden, weil die Schwereenergie – die den Egoismus, die Eifersucht und die Lieblosigkeit hervorruft – immer mehr ab- und die Gefühlsenergie immer mehr zunimmt.

Wenn die Gegenpole – die Frau im Mann, der Mann in der Frau – stark genug entwickelt sind, löst sich die Liebe von der Verliebtheit und geht in die echte Menschenliebe oder Nächstenliebe über. Diese echte Menschenliebe bewirkt, dass jeder seinen Partner glücklich sehen möchte. Das wird sich auch auf den Bereich der Sexualität erstrecken. Wenn eine Frau einen anderen Mann liebt, dann wird ihr Mann sich mit ihr freuen, wenn diese Liebe ihre Erfüllung findet. Er sieht dann in dem anderen Mann keinen Konkurrenten mehr, sondern einen Freund, der seine Frau glücklich macht und seine Liebe zu ihr mit ihm teilt. Das gleiche gilt für die Frau, wenn ihr Mann eine andere Frau liebt. Bei dieser gegenseitigen, von Liebe getragenen Freiheit können die Ehen erhalten bleiben und Freundschaften unter Paaren sich zu wechselseitigen Liebesbeziehungen entwickeln.

Martinus erwartet also für die Zukunft keineswegs platonische Verhältnisse, in denen die Menschen einander nur noch rein geistig lieben. Er betont vielmehr, dass die zukünftige Nächstenliebe genauso organisch getragen sein wird wie die jetzige einpolige Liebe oder besser gesagt, die einpolige Verliebtheit. Der Mensch wird sich nicht mehr überwinden müssen, um seinen Nächsten zu lieben, sondern er wird ihn von Natur aus lieben. Die Sexualität wird sich keineswegs vermindern, sondern sogar verstärken, weil nämlich die einpolige Sexualität bestehen bleibt und die seelische Anziehung durch den Gegenpol hinzutritt.

Es werden sich auch organische Veränderungen ergeben. Die Sexualorgane werden beginnen zu degenerieren. Dafür wird der Mensch mit der Haut sexuell zu empfinden beginnen, so dass ein Kuss oder ein Streicheln oder Umarmen Gefühle auslösen können wie ein sexueller Akt.

7.8 Bei der Entzündung der Intuition im kosmischen Bewusstsein begegnen sich vom Gehirn ausgehendes intellektualisiertes Gefühl und von den Sexualorganen ausgehende vom Gefühl beherrschte Schwereenergie.

Wenn die Götterdämmerung durchlebt worden ist, werden die beiden sexuellen Pole – der natürliche Pol im Sexualbereich und der intellektuelle Pol im Gehirn – nicht mehr von der Schwereenergie, sondern von der Gefühlsenergie getragen. Dadurch öffnen sich latente Zentren im Gehirn, die erst benutzt werden können, wenn das Bewusstsein des Menschen so weit fortgeschritten ist, dass es die dem höheren Bewusstsein entsprechenden feineren Gedankenschwingungen ertragen und handhaben kann. Die für das hö-

7. Auf die ‚Götterdämmerung' folgt eine Übergangszeit 137

here Bewusstseinsleben zuständigen Gehirnpartien können jetzt schrittweise in Benutzung genommen werden. Dabei wird das Gehirn von höheren Gedankenenergien durchpulst, was als inneres Licht oder auch als Feuer erlebt werden kann. Der Mensch beginnt ganz neue Gedankenarten zu empfangen und zu senden und erlebt dabei ganz neue Bewusstseinszustände.

Diese höheren Bewusstseinszustände sind davon begleitet, dass zwischen dem physischen und dem intellektuellen sexuellen Pol im Gebiet des Rückenmarks eine Art *psychischer Hauptnerv*[108] heranwächst, der übersinnlich als leuchtender Ausläufer wahrnehmbar ist, der von den beiden Polzentren im Gehirn und in den Sexualorganen ausgeht. Wenn sich die beiden Ausläufer weit genug nähern, beginnen *kosmische Blitze*[109] überzuspringen. Das Wesen erfährt dann blitzartige kosmische Erleuchtungszustände. Meistens vergehen – so Martinus – mehrere Inkarnationen, in denen solche kosmischen Blitze auftreten, ehe eine dauerhafte Verbindung zustande kommt und damit für den betreffenden Menschen das andauernde kosmische Bewusstsein geboren ist. In der Regel geschieht beim ersten Mal nur ein einziger Blitz in der betreffenden Inkarnation.

Bei diesen Blitzen und der dauerhaften Verbindung begegnen sich eine vom Gehirn ausgehende Energiekombination von Intelligenzenergie und Gefühlsenergie, die Martinus *intellektualisiertes Gefühl* nennt, mit einer von den Geschlechtsorganen ausgehenden Energiekombination von Schwereenergie und Gefühlsenergie, wobei die Schwereenergie vom Gefühl beherrscht wird. Die Begegnung entzündet die Intuitionsenergie zuerst als kosmischen Blitz und später als dauerhaftes kosmisches Bewusstsein.

Bei dieser Begegnung repräsentiert die Schwereenergie das Eigensein. Dieses Eigensein ist durch die Gefühlsenergie so geordnet und geformt, dass die Gefühlsenergie die Schwereenergie völlig beherrscht. Die Intuition repräsentiert die göttliche Welt. Die Energiezusammensetzung entspricht der des wahren Menschenreiches, in dem die Gefühlsenergie kulminieren wird, die Schwe-

---
[108] LB5, Ziffer 1935
[109] Ausdruck von Martinus

reenergie im ersten Stadium und die Instinktenergie im zweiten Stadium des Abnehmens ist. Die Intelligenzenergie ist im zweiten Stadium und die Intuitionsenergie im ersten Stadium des Zunehmens. Die Gedächtnisenergie ist nur noch latent. Anstatt Erinnerungen hat der kosmisch bewusste Mensch Intuitionen, durch die er sich sein vergangenes Leben geistig vergegenwärtigen kann. Die Instinktenergie hat beim kosmischen Bewusstsein die Aufgabe, es dem Menschen zu ermöglichen, das kosmische Bewusstsein jederzeit aufrufen zu können.

7.9 Das kosmische Bewusstsein – eine Beschreibung von Martinus

Meine geistige Mission begann mit einigen psychischen Erlebnissen, und die besondere Struktur dieser Erlebnisse war etwas sehr Privates für mich selbst. Das, was für andere von Bedeutung war, war der Umstand, dass diese Erlebnisse in mir einen Zustand hinterließen, der mich instandsetzte, ein umfassendes Wissen über das ganze Universum entgegenzunehmen, ja, der göttliche Weltplan selbst war meinen Wahrnehmungsfähigkeiten völlig zugänglich und wurde zu wachem Tagesbewusstsein.

Ich bekam die Fähigkeit, Dinge wahrzunehmen, die unmöglich mit rein physischer Wahrnehmung erlebt werden konnten. Ich sah, wie jedes begrenzte Ding, ganz gleich, welche Größe es auch haben mochte, eine Offenbarung der Unendlichkeit und damit der Ewigkeit war. Die Ewigkeit wurde auf diese Weise als der feste Punkt sichtbar, während die Zeit und damit der Raum beweglich waren. Da ich mir auf diese Weise der Ewigkeit bewusst geworden war, war ich identisch mit dem Absoluten, dem Unvergänglichen geworden und sah alle Dinge von diesem Absoluten, diesem Unvergänglichen aus. Da ich mir der Ewigkeit bewusst war, identisch mit der Unsterblichkeit war, überlebte ich jeden Zeitbegriff. Ich existierte sowohl vor als auch nach jedem Ding und konnte so sein Alpha und Omega sehen, seinen Anfang und sein Ende oder seine ganze Lebensbahn.

Und es ist diese Erlebnisfähigkeit, die ich in meinem Hauptwerk Livets Bog als kosmisches Bewusstsein bezeichne, wie ich auch die Beschreibung der Details des Lebens, von dieser Wahrnehmungsfähigkeit aus gesehen, als kosmische Analysen bezeichnet habe. Meine kosmischen Analysen sind also das gleiche wie Wahrnehmungen, die aufgrund meiner Befreiung von Zeit und Raum möglich wurden. Meine psychischen Erlebnisse waren also ein Prozess, der diese Befreiung sozusagen plötzlich in meinem Bewusstsein hervorbrachte. Ich hatte eine Einweihung erlebt. Durch diesen Prozess ging eine Verwandlung meines Bewusstseins vor sich. Während ich mir vorher nur einer bestimmten Zeit und eines bestimmten Raumes bewusst war, war ich mir jetzt auf eine Weise aller Zeiten und aller Räume bewusst. Während mein Bewusstsein vor diesem meinem Erleben nur als Lokalbewusstsein zu bezeichnen war, konnte es jetzt als Universalbewusstsein bezeichnet werden. Und nach dieser Veränderung meines Bewusstseins fiel es mir leicht, mich im Hinblick auf das Schicksal des Lebewesens und damit der Erdenmenschheit zu orientieren. Es fiel mir leicht zu sehen, dass das ganze Meer von Leiden, in denen die Erdenmenschen sich befinden, ausschließlich auf dem Umstand beruht, dass sie mental noch nicht befreit sind. Sie sind noch gebunden von der Zeit, vom Raum oder von der Materie. Ihre Lebens- oder Weltauffassung hat deshalb nichts mit dem ewigen Leben oder dem wirklichen Weltplan zu tun. Sie ist höchstens die Auffassung von einer Lokalität des Weltalls. Aber nur eine Lokalität zu kennen oder wahrzunehmen oder zu glauben, sie sei die Gesamtheit, ist ja das gleiche wie mit einer Illusion zu leben. Aber mit einer Illusion zu leben, ist wiederum das gleiche wie mit Irrtümern zu leben. Und da ein Leben, gegründet auf Irrtümern, nur Enttäuschungen mit sich führen kann, haben wir hier die Ursache dafür, warum das tägliche Dasein der Erdenmenschheit ein Leben voller Enttäuschungen, Sorgen und Leiden ist.[110]

---

[110] Martinus, Buch Nr. 10, *Kosmisches Bewusstsein*, 2. Teil, 1. Kapitel

7.10 Wenn die Talentkerne für den Aufbau eines doppelpoligen Organismus voll entwickelt sind, werden die Menschen nicht mehr von Müttern geboren, sondern sich materialisieren und dematerialisieren.

Wenn der Mensch dauerndes kosmisches Bewusstsein entwickelt hat, wird er – so Martinus – sich nach einiger Zeit materialisieren und dematerialisieren können. Zunächst wird er aber weiterhin von Müttern geboren werden und in einem einpoligen physischen Organismus leben. Um seinen physischen Leib materialisieren zu können, müssen erst die Talentkerne verwandelt werden.

Einen doppelpoligen Organismus können sie erst aufbauen, wenn die Talentkerne des entgegengesetzten Pols so vollkommen sind, dass sie in einer neuen Inkarnation die Materialisierung eines doppelpoligen Organismus übernehmen können. Der neue Körper hat dann keine Geschlechtsorgane mehr. Von diesen bestehen nur noch Reste, wie sie beim Nabel von der Nabelschnur übrigbleiben.

Wenn der doppelpolige Mensch sich materialisieren und dematerialisieren kann, ist sein physischer Körper so ätherisch geworden, dass er sich in *Überschussenergien*[111] oder dem *Überschussstoff*[112] eines anderen Menschen materialisieren kann. Dieser Überschussstoff wird von einem hierfür besonders begabten und entwickelten Wesen mit der Kraft eines sich in der geistigen Welt befindlichen Menschen in Berührung gebracht. Er hat die Kraft, mit seinen voll entwickelten Talentkernen einen doppelpoligen Organismus aufzubauen.

Das sind dieselben Talentkerne, die den kleinen Organismus des Embryos im Leben der Mutter bei den einpoligen Wesen aufbauen. Hier geht es aber sehr langsam vor sich und dauert sowohl Monate als auch Jahre. Im vollkommenen zweipoligen Zustand geschieht die Körperbildung dagegen blitzschnell. Der Aufbau des Organismus, der bei der Einpoligkeit mehrere Jahre dauert, um erwachsen zu werden, braucht hier nur dieselbe An-

---

[111] LB5, Ziffer 1936
[112] dto.

zahl von Minuten, ja manchmal nur Sekunden. Es ist diese Manifestation und Schöpfung, die wir unter dem Begriff der ‚Materialisation' kennen. Aber wie der Organismus auf diese Weise blitzschnell aufgebaut werden kann, kann er auch im selben Tempo aufgelöst oder dematerialisiert werden.[113]

Später können fortgeschrittene doppelpolige Menschen, die fast ausschließlich vom Atem und feinstem Fruchtfleisch leben, ihren Organismus jederzeit auflösen und wieder aufbauen. Sie können also während ihrer physischen Inkarnation nach eigenem Wunsch und Begehren in der geistigen Welt ein- und ausgehen, so dass die Trennung zwischen den Lebenden und den Toten nicht mehr besteht.

Der menschliche Körper wird dann so verfeinert sein, dass jede Berührung Seligkeitsempfindungen auslösen kann. Die Menschen werden sich in der Begegnung so miteinander verbinden, dass sich ihre seelische und geistige Aura durchdringen und jeder das Wesen des anderen mit höchster Freude und Seligkeit als Begegnung mit dem Göttlichen erfährt.

---

[113] LB5, Ziffer 1936

8. Christus hat durch sein Leben und Wirken den Keim des neuen Weltimpulses in die Menschheit gelegt, aus dem der wahre Mensch nach dem Modell Christi erstehen wird.

8.1 Vom Zentrum der Milchstraße gehen geistige Nahrungsimpulse für die Menschheiten, Himmelskörper und Sonnen aus. Christus ist mit dem Impuls verbunden, der Menschheit und Erde zum kosmischen Bewusstsein führt.

Wie ich vor allem in den Abschnitten 3.13 und 3.14 dargestellt habe, sieht Martinus den Kosmos als einen Organismus, in dem Wesen in Wesen leben. Dieser Organismus ist so aufgebaut, dass sich Organismen, die sich in der jeweiligen Entwicklungsspirale und dem jeweiligen Daseinsreich an dem gleichen Entwicklungspunkt befinden, zu Makroorganismen zusammenschließen, die von der Zellspirale bis zur Galaxienspirale gehen. Diese Organismen wirken als physische und geistige Einheit. Es kann von daher nicht überraschen, wenn Martinus erklärt, dass die Erde physisch von der Sonne sowie den Partikeln, Meteoren und anderen Materieerscheinungen und geistig von einem Kernsystem im Zentrum der Milchstraße ernährt wird, das alle Sonnensysteme und Himmelskörper unserer Galaxie mit Lebenskraft versorgt, wie unser Körper durch unser Denken mit Lebenskraft versorgt wird.[114]

Wenn solche Lebenskraft-Impulse in unserer Galaxie auftreten, dann verbreiten sie sich über viele Himmelskörper, auf denen Menschheiten leben und leiten neue Entwicklungsepochen mit neuen Idealen ein. In den Menschheiten inkarnieren dann *Welterlöser*[115], die neue Religionen oder Kulturepochen einleiten.

Außer Weltimpulsen, die sich auf die Menschenreiche beziehen, gibt es auch andere Impulse des göttlichen Schöpfungsprinzips für Lebewesen, die in Spiralen über oder unter der menschlichen zwischenkosmischen Spirale leben, also für Himmelskörper und Sonnen sowie die Mikrowesen unseres Körpers.

---

[114] siehe Abschnitt 3.3
[115] Ausdruck von Martinus

Als Christus auf der Erde inkarnierte, empfing die Menschheit einen solchen neuen Weltimpuls. Dieser Weltimpuls geht dahin, den Menschen zu einem kosmisch bewussten Wesen weiterzuentwickeln. Christus legte durch seine Worte, sein Handeln, seine Kreuzigung und seine Auferstehung einen Keim in das Leben der Menschheit. Da dieser Keim in das Zeitalter des Glaubens gelegt werden musste, in dem nur wenige Menschen so entwickelt waren, Christi Lehre als Geisteswissenschaft aufnehmen zu können, entstand als erste Entfaltung die Religion des Christentums mit ihren verschiedenen Richtungen.

Martinus sieht auch im Materialismus eine christliche Religion. Die christliche Verheißung des himmlischen Jerusalem, die sich auf die Zukunft bezieht, soll im Materialismus in einem irdischen Paradies verwirklicht werden.

Weil sich die Mission Christi auf die Umwandlung des Menschen vom tierischen zum wahren Menschen bezieht, die noch vor uns liegt, konnte Martinus davon sprechen, dass erst die Zukunft das wahre Christentum bringen wird, das dann nichts mit kirchlichen und anderen christlichen Glaubensorganisationen zu tun haben wird.

Als Christus auf der Erde das dauernde kosmische Bewusstsein erlangte, empfing auch die Erde als Makrowesen einen Impuls, der ihr dauerndes kosmisches Bewusstsein einleitete, das sie in etwa dreitausend Jahren verwirklicht haben wird. Christus empfing das dauernde kosmische Bewusstsein als Mikrowesen der Erde. Er ist das Mikrowesen, das die Bewusstseinsveränderung des Makrowesens Erde trägt, denn seine Bewusstseinsinhalte empfängt jedes Makrowesen von seinen Mikrowesen.[116]

---

[116] siehe Abschnitt 3.2

8.2 Christus wurde durch seine Lehre, sein Handeln, seine Kreuzigung und Auferstehung zum Modell des zukünftigen wahren Menschen.

Martinus hatte seit seiner Kindheit eine besondere Verbindung zu Christus. Wie ich im ersten Kapitel schrieb, pflegte er sich vor jeder Entscheidung direkt an ihn zu wenden und zu fragen, wie er in dem Fall handeln würde. Ich habe im ersten Kapitel auch das Christuserlebnis von Martinus bei seiner Einweihung in das kosmische Bewusstsein wiedergegeben.

Martinus sieht in Christus einen der ersten kosmisch bewussten Menschen, die auf der Erde geboren worden sind, was man auch unmittelbar aus den in den Evangelien wiedergegebenen Äußerungen und Handlungen Christi entnehmen kann, die immer von der Allliebe getragen waren.

Bei der Taufe am Jordan erhielt Jesus einen kosmischen Blitz. Das wird in dem Bild einer Taube symbolisiert und in der Stimme, die sagte: „Dieser ist mein geliebter Sohn, an dem ich Wohlgefallen gefunden habe."[117] Durch diesen kosmischen Blitz erlebte Jesus Gott als seinen ihn liebenden Vater. Das empfanden die damaligen jüdischen Priester als eine unglaubliche Anmaßung, denn der Gott der Juden war ein rächender und strafender Gott, den man fürchten sollte.

Wenn Christus sich als *Gottessohn* bezeichnete, dann meinte er damit eine Beziehung wie sie zwischen jedem Menschen und Gott besteht. Er wies seine Jünger ja auch auf das Wort hin: „Ihr seid Götter"[118] und bezeichnete sich außerdem auch als *Menschensohn*.

Später erhielt Jesus dauerndes kosmisches Bewusstsein, was nach Martinus durch die ‚Verklärung auf dem Berg' ausgedrückt wird, wo Jesus zusammen mit Moses und Elias gesehen wurde.

In der Bergpredigt sieht Martinus die bedeutendste Verkündigung in der Geschichte der Menschheit. Nachdem er erklärt, war-

---

[117] Mt 3,17
[118] Joh 10, 34-36

8. Christus hat durch sein Leben und Wirken den Keim... 145

um die Menschen, die Christus damals zuhörten, ihn noch nicht verstehen konnten, schreibt er:

Darum konnten sie die Humanitäts- oder Liebesverkündigung des Welterlösers nicht empfangen oder verstehen. Sie sahen mit Antipathie und Intoleranz auf seine göttliche Verkündigung und ahnten nicht, dass das die größte und tiefste Verkündigung war, die jemals der Menschheit in ihrer millionenjährigen Existenz auf der Erde ertönt war.[119]

Martinus teilt nicht den christlichen Glauben, dass sich Christus durch die Kreuzigung geopfert hatte, um die Menschheit von der Sünde zu erlösen, denn er sieht es ja als Gottes Willen an, den Menschen in die Finsternis und das Erleben des Bösen zu führen, um ihn das Gute und das Böse erkennen zu lassen, weil er nur durch diese Erkenntnis zum göttlichen Bewusstsein erweckt werden kann.

Die Vorstellung eines Sündenfalls muss Martinus vollständig ablehnen, weil er ja in dem Geschehen, das in der Bibel bildhaft als die Vertreibung aus dem Paradies geschildert wird, ein Geschehen sieht, das so ablief, wie es ablief, weil es Gott so wollte. Um den Menschen zum göttlichen Bewusstsein erwecken zu können, musste er ihn in die Finsternis führen, damit er das Gute und das Böse erkennen lernt.

In der christlichen Vorstellung, dass Gott seinen Sohn opfert, um die Menschheit von der Sünde freizukaufen, sieht Martinus nur einen zeitbedingten Aberglauben. In Jesus Christus sieht er nicht den ‚eingeborenen Sohn' Gottes, sondern einen wahren Menschen, der das kosmische Bewusstsein verwirklicht hat und eins mit dem Vater geworden ist. Er sieht in ihm einen Vorläufer der Menschheit, die im Laufe der kommenden dreitausend Jahre ebenfalls dieses Bewusstsein erreichen wird.

Dass Christus die Kreuzigung hinnahm, ist für ihn der Beweis dafür, dass Christus die Nächstenliebe tatsächlich fühlte und lebte. Immer wieder vergab er seinen Nächsten. Ja, er vergab selbst de-

---

[119] IC, Z. 78

nen, die ihn kreuzigten. Sein liebevolles und vergebendes Wesen wurde zum Modell des zukünftigen wahren Menschen. Dieses Modell abzugeben, war seine eigentliche Aufgabe.

8.3 Die eigentliche Auferstehung ist die Verwandlung des Menschen vom tierischen zum wahren Menschen nach dem Modell Christi. Das ist mit der Wiederkunft Christi gemeint.

Martinus ist von der Realität der Auferstehung Christi überzeugt. Ehe er in die geistige Welt zurückkehrte, sollte er sich seinen Jüngern noch einmal zeigen und seinen Jüngern sollte die Unsterblichkeit des Lebens sogar auf der physischen Ebene offenbart werden.

Am Ostermorgen war Maria Magdalena die Erste, die dem Christus begegnete. Martinus schreibt, dass er sich zu dem Zeitpunkt in einer in geistiger Materie materialisierten Kopie seines früheren physischen Körpers zeigte, die so stark vibrierte, dass er sie warnte, ihn anzurühren, als sie seine Hand ergreifen wollte, weil ihr Leben in Gefahr war. Gleichzeitig erklärte er ihr, dass er noch nicht zu seinem Vater aufgefahren sei und sich noch eine kurze Zeit in der Sphäre befinde, wo er sich den Menschen sichtbar machen konnte. Er versprach, dass die Freunde und Jünger ihn noch einmal an einem näher bezeichneten Ort in Galiläa sehen dürfen.

Über die Auferstehung Christi hat Martinus sich in der Schrift *Ostern* geäußert. Nachdem er die Auferstehung aus dem Grabe geschildert hat, erklärt er:

Für denjenigen, der eingeweiht war, d. h. sich dazu entwickelt hatte, kraft Gottes Heiligen Geistes zu sehen, war die soeben erfolgte Begebenheit kein Mysterium. Ein Zuschauer, der es vertragen konnte, in das starke Licht dieses göttlichen Geistes zu sehen, würde gesehen haben, dass hier eine ‚Materialisation' vor sich ging, eine Materialisation mit so stark konzentrierten geistigen Energien, dass sie die physischen Materien völlig durchstrahlten und auf der physischen Ebene sogar so stark sichtbar wurden oder so stark vibrierten, dass die Bewohner

8. Christus hat durch sein Leben und Wirken den Keim... 147

dieser besonderen Ebene also geblendet und in der Nähe dieser kosmischen Strahlen ohnmächtig wurden. Unser Zuschauer würde weiterhin gesehen haben, dass diese Materialisation nichts weniger als die Rückkehr des Sendboten Gottes in die irdische Sphäre war, um zur Verherrlichung seines Vaters auf der rein materiellen Ebene vor der Garde des Todes, vor den Wächtern des Heidentums, vor den Aposteln des Aberglaubens, vor den Priestern des Todes die ewige Unvergänglichkeit des Lebens zu demonstrieren und dass das Leben trotz Bann und Scheiterhaufen, trotz Krieg und Zerstörung, trotz Schwert und Lanze, trotz Guillotine und Galgen, trotz Kreuzigung und ‚Tod', seine Henker, seine Feinde, seine Spötter, seine ‚Zerstörer' ewig überlebt. Ja, sogar sein toter physischer Körper wurde in dem starken Licht ‚dematerialisiert' und an einem Ort zur Ruhe gebettet, wo das in ihm noch lebende Leben von irdischen Händen nicht gestört werden konnte.[120]

Jesus zeigte sich danach auch noch verschiedenen anderen seiner Freunde, um schließlich mit ihnen allen zusammenzutreffen.

Während seine Freunde und Jünger sich eines Abends an dem von Jesus näher angegebenen Ort versammelt hatten und die Türen aus Furcht vor den Juden verschlossen waren, materialisierte er sich, indem zunächst ein weißes Licht mit *merkwürdigen blauen Tönen* zu strahlen begann. Diese blauen Töne verdichten sich allmählich zu den bekannten Konturen, Einzelheiten und dem Ausdruck von Jesus.

Die Freude wurde noch überwältigender, als das weiße Licht sich verzogen hatte und die geliebte Gestalt ihres Meisters nun leibhaftig und mit erhobenen Armen wie zu einer Umarmung ihnen entgegentrat und die bekannte Stimme an ihre Ohren klang: „Friede sei mit Euch"! Nach diesem erhabenen Gruß und nachdem er die Ungläubigsten von seinem fortwährenden Dasein überzeugt hatte, erklärte er ihnen seine Mission, sein Leiden und seinen Tod, seine Auferstehung, seine Materialisation,

---

[120] Martinus, Buch Nr. 2, *Ostern*, 12. Kapitel

spornte sie ferner zur Ausübung des großen Gebotes der Liebe an und auferlegte ihnen, in die Welt zu ziehen und sein Leben und seine Wesensart ‚allen Völkern, allen Geschöpfen' zu verkünden.

Und nachdem er sich noch einmal ihren Fragen angenommen hatte, sie in ihren rein persönlichen Anliegen und Sorgen getröstet und ermuntert hatte, drückte er zum letzten Mal auf der physischen Ebene jeden einzelnen seiner treuen Freunde und Jünger an seine Wange.[121]

Danach begann das weiße Licht wieder zu vibrieren, und die Gestalt wurde immer undeutlicher, bis sie zu Licht geworden war.

In der Materialisation Jesu vor seinen Freunden und Jüngern sieht Martinus nicht wie Paulus das Auferstehungsereignis des christlichen Glaubens, sondern etwas, das später einmal eine Alltagsbegebenheit auf der physischen Ebene der Erde sein wird. Er sieht darin einen vorläufigen, durch geliehene Materie und Gedankenkonzentration aufrechterhaltenen, Willensakt. Diese Fähigkeit war bereits früher oft von anderen diskarnierten Wesen angewendet worden, sogar von Wesen, die nicht die Moral von Jesus hatten. In der Mission Christi spielt sie für Martinus nur eine sekundäre Rolle.

In dem Leben und der Wesensart Christi sieht er eine andere, primäre Art der Auferstehung von den Toten von weit größerem Format, die ausschließlich auf Liebe beruhte. Diese Auferstehung, die in Christus sichtbar wurde, ist die Verwandlung des Menschen durch eine ganze Kette von Reinkarnationen, in denen er sich langsam aus einem dunklen, primitiven, tierischen Dasein zum wahren Menschen entwickelt.

Diese Auferstehung ist Gottes Wille, sein primäres Ziel für den Erdenmenschen. Nur diese Auferstehung kann dem Individuum das volle Erleben seiner eigenen Identität als Schöpfer und Beherrscher von Zeit und Raum geben, das Erleben, „eins mit dem Vater zu werden", identisch zu sein mit der Ewigkeit und Unendlichkeit.[122]

---

[121] Martinus, Buch Nr. 2, *Ostern*, 14. Kapitel
[122] Martinus, Buch Nr. 22, *Der Weg des Lebens*, 3. Teil, 8. Kapitel

Was die Kreuzigung oder den physischen Tod überlebte, war nicht nur Christus selbst, sondern der unsterbliche, göttliche Geist der Weisheit und Liebe, der durch ihn in Form seiner göttlichen Worte und Sätze, seiner Bergpredigt und anderer Reden an das Volk und die Schüler in physischer Materie inkarniert wurde. Durch die Schöpfung dieser Worte, unterstrichen von seinem göttlichen Wesen, hat er jetzt, fast zweitausend Jahre nach seinem physischen Tod, zu Millionen und Abermillionen von Menschen gesprochen und damit den Beginn einer ganz neuen Weltepoche geschaffen. In dieser Epoche werden alle Geschlechter der Erde gesegnet werden.[123]

Diese primäre Auferstehung ist nach Martinus mit der Wiederkunft Christi gemeint. Sie bedeutet, dass sich der Mensch Jesu Lebenserleben aneignet und dadurch wie dieser *eins mit dem Vater* wird. Die Wiederkunft ist dasselbe wie die Geburt zum kosmischen Bewusstsein oder die große Auferstehung vom Tier zum Menschen.

Auch wenn unter der Wiederkunft Christi kein leibliches Erscheinen Christi zu verstehen ist, ist er doch ständig

auf dem ganzen Gebiet der Wiederkunft, d. h. in der jetzt kommenden christlichen Weltepoche Gottes leitende Hand.[124]

Keine Religion, Kirche, Sekte oder moralische Vereinigung kann die Menschheit befreien. Es sind alleine die Erfahrungen der Leiden, das Erwachen der Liebe und das Verstehen der Geisteswissenschaft, die die ‚große Geburt' herbeiführen. Durch die Entwicklung wird jeder Mensch dort hingeführt, Christi Wiederkunft in ihm selbst zu erleben.

Diese Wiederkunft kann auch in Verbindung mit einer anderen Gestalt als der des Christus geschehen, wenn der betreffende Mensch aus einem anderen religiösen Zusammenhang als dem

---

[123] Martinus, Buch Nr. 14, *Bevidshedens skabelse (Die Schaffung des Bewusstseins)*, 2. Teil., 16. Kapitel (noch nicht in Deutsch erschienen)
[124] IC, Ziffer 7

christlichen kommt. Christus ist aber auch in dem Fall das *Modell für die Erschaffung des Menschen ‚in Gottes Bild'*[125], denn er steht über allen Religionen. Die Erlösung und Zukunft der Menschheit liegt nicht in einer Religion, sondern ausschließlich darin, dass der Mensch sich selbst, sein Ziel und seine Bestimmung erkennt.

8.4 Martinus sah sein Werk als die verborgene Lehre Christi. Nachdem er seine Versuche, das in einem eigenen Buch darzustellen, aufgeben musste, nannte er 1978 sein Gesamtwerk Das Dritte Testament.

Zeitlebens war Martinus ein Mensch, der seine eigene Person in den Hintergrund stellte und bestrebt war, sein Licht zu verbergen und so unauffällig wie möglich zu erscheinen. Ingrid Okkels erzählt in dem Buch *Martinus – som vi husker ham*[126] (Martinus – wie wir uns an ihn erinnern):

Als wir einmal über dies und jenes sprachen, fragte er mich, ob ich fand, dass er anderen Menschen äußerlich ähneln würde.
„Wenn Du mich nicht kennen würdest und mich eines Tages auf der Straße oder im Zug treffen würdest, würde es Dir scheinen, dass ich anders wäre als alle anderen Menschen?"
Ich versuchte, mir die Situation vorzustellen und konnte dann mit gutem Gewissen antworten, dass ich, wenn ich ihn an einem solchen Ort getroffen hätte, ohne ihn zu kennen, er mir nicht anders vorgekommen wäre als andere Menschen.
„Das ist gut", sagte er, „ich gebe mir auch große Mühe."

In dem Sinne äußerte sich auch Paul Brunton, der schrieb:

In Martinus traf ich einen einfachen, anspruchslosen Menschen, der sich wie jeder andere kleidete, sprach und lebte. Keiner, der sein äußeres Auftreten sah, hätte vermuten können, dass sich dahinter ein Mann verbarg, der als einzigartigen Seher angese-

---
[125] LB5, Ziffer 1734
[126] Seite 100

8. Christus hat durch sein Leben und Wirken den Keim... 151

hen werden muss und der nach dem, was seine Freunde berichten, und dem, was seine eigene Lehre voraussagt, später als der Prophet der modernen Welt anerkannt werden wird.[127]

Den Eindruck eines sympathischen, völlig normalen Durchschnittsmenschen geben auch die vielen von ihm erhaltenen Fotos wieder.

Trotz dieser Bescheidenheit und Anspruchslosigkeit war sich Martinus seiner Mission aber sehr wohl bewusst. So schrieb er über seine Einweihung in das dauernde kosmische Bewusstsein:

Das hatte ein ‚kosmisches Bewusstsein' und die damit verbundene Autorität in mir aufgeschlossen, die notwendig ist, damit ich die göttliche Mission erfüllen könne, die die Christusvision meinem Bewusstsein eingab, und bestätigte, dass ich zu dem, was ich ausführen sollte, berufen oder eingeweiht war.[128]

Er sah seine Aufgabe darin, das darzustellen und zu begründen, was Christus damals noch nicht darstellen konnte, weil seine Jünger ihn nicht verstanden hätten. Wir lesen in den nachgelassenen Schriften von Martinus:

Und es war die Intellektualisierung und Erneuerung des Christentums, die mir durch kosmisches Bewusstsein begreiflich gemacht und zur Ausführung übertragen wurde.[129]

Diese Auffassung vertrat er auch bereits in seinen ganz frühen Jahren. Als er seine eigene Zeitschrift *Kosmos* herausgab, schrieb er in der Nummer 5/1933:

Ich habe den verheißenen Sprecher: ‚Den Heiligen Geist' empfangen. Er ‚lehrte' mich von allen Dingen und ‚erinnerte' mich an alle Dinge. Und das soll für jeden meiner Leser ein Zeichen sein, dass meine Erklärungen absolute Wahrheit sind.

---

[127] Zinglersen, *Martinus – som vi husker ham*, Seite 112
[128] IC, Seite 20
[129] IC, Seite 17

Das bezog sich auf die Worte Christi:

Der Beistand aber, der Heilige Geist, den der Vater senden wird in meinem Namen, der wird euch alles lehren und euch an alles erinnern, was ich euch gesagt habe.[130]

Im *Livets Bog 5* schrieb er:

Ist es nicht diese Kursänderung und Auffassung von Sympathie und Kulturentwicklung oder Gottes Schöpfung des Menschen, die bedingte, dass das ‚Alte Testament' nicht mehr befriedigend bleiben konnte, sondern durch das ‚Neue Testament' ersetzt oder ergänzt werden musste? – Und ist es nicht dieselbe sich fortsetzende Entwicklung, die jetzt bedingt, dass dieses Neue Testament auch nicht mehr befriedigend ist, sondern eine wissenschaftliche Erklärung fordert, statt wie früher nur dogmatisch oder diktatorisch erklärt zu werden? – Ist es nicht gerade diese Forderung, die jetzt die Geisteswissenschaft hervorruft, weshalb ein drittes und letztes Testament entstehen muss? Nach diesem Testament braucht kein Mensch länger die Anleitung eines Anderen. Hier kann er weiter zu seiner eigenen großen Einweihung oder geistigen Geburt geführt werden, wonach er selbst erhöht werden wird, um eins mit dem Vater und dem Weltbild zu werden und damit selbst der Weg, die Wahrheit und das Leben zu sein.[131]

Nach Fertigstellung des *Livets Bog* und seiner anderen großen Werke, fühlte Martinus die Verpflichtung, den Zusammenhang seiner Lehre mit dem Wirken Christi in einem Buch explizit darzustellen. Diese Aufgabe nahm er Anfang der Siebzigerjahre in Angriff, als er bereits die Achtzig überschritten hatte. Immer wieder erzählte er seinen Freunden von seiner Arbeit an dem Buch und kündigte die baldige Fertigstellung an, zu der es aber nie kam.

---

[130] Joh 14, 26
[131] LB5, Z.1849

Es liegt nahe, anzunehmen, dass sein fortgeschrittenes Alter der Grund dafür war, das Buch nicht fertig stellen zu können. Liest man aber die fertiggestellten 135 Seiten in seinen nachgelassenen Schriften, dann wird das sehr zweifelhaft, denn sie gehören m. E. zu dem Besten, was Martinus geschrieben hat. Ich glaube eher, dass er das Thema nicht abschließen konnte, weil er dabei die Bedeutung seiner Aufgabe hervorheben musste, was ihm zuwider war.

Da er sich aber verpflichtet sah, den Zusammenhang seines Werkes mit dem Wirken Christi klarzustellen, entschloss er sich schließlich im August 1978, sein gesamtes Werk unter dem Titel *Das Dritte Testament* herauszugeben. Und so geschah es dann auch nach seinem Tode.

Martinus im Jahre 1921
nach seiner „Großen Geburt"

Martinus im Jahre 1964

STICHWÖRTERVERZEICHNIS

Abbildung des Unendlichen 3.15
das Absolute 2.2
Abstraktionsvermögen 6.4
Adam 3.10, 5.1
All 2.2, 3.1
Alles ist sehr gut 4.12, 7.6
Allgemeinbegriff 6.3
Allliebe 3.7
Allmacht 3.7
Allwissen 3.7
alter Weltimpuls 5.6, 7.5
Angeloi 2.9
Archai 2.9
Archangeloi 2.0
Atombombe 6.6
Auferstehung, primäre 8.3
- -, sekundäre 8.3
Austausch zwischen den Wesen 4.12
Automatfunktion 2.6, 3.8, 4.1, 4.4

Begriffe 6.3
Begriffe, Allgemeinbegriffe 6.3
Begriffe des Es-Bewusstseins 6.3
Begriffsrealisten 6.3
Beisetzung (Buch) 1.3
Beschützerprinzip 3.2, 3.13
Bewegungen 2.5
- -, willkürliche 4.1
Beweis, beweisen Vorwort, 3.7, 6.3
Bewusstsein 2.1
- -, ahnendes 3.7
- -, archaisches 6.2, 7.3
- -, magisches 6.2, 6.3, 7.3
- -, mythisches 6.2, 6.3, 7.3
- -, mentales 6.3
Bewusstseinsinhalte 3.7
Bewusstseinsstrukturen 6.2
- -, aperspektivische 7.3
- -, magische 6.2
- -, mentale 6.2

- -, moderne 6.2
- -, mythische 6.2
Bindung an ein Makrowesen 3.10
das Böse 3.7
Brunton, Paul 8.4
Buddhismus 2.2, 2.4, 5.4

Cherubim 2.9
Christentum 5.4, 8.1
- -, zukünftiges 8.1
Christus 1.1, 1.2, 4.11, 6.5, 8.1, 8.2
- -, Auferstehung 8.3
- -, Bergpredigt 8.2
- -, Gottessohn 8.2
- -, Kreuzigung 8.2
- -, Menschensohn 8.2
- -, Modell des doppelpoligen Menschen 8.2, 8.3
- -, Taufe am Jordan 8.2
- -, Verklärung auf dem Berge 8.2
- -, Wiederkunft 8.2, 8.3
Christusvision 1.2

Das Dritte Testament 8.4
Daseinsebenen 3.4
Daseinsreiche 3.4, 3.6
das Dauernde 2.5
Denken, geistige Sicherheit im 6.4
- -, ichhaftes 6.3
- -, imaginatives 7.5
- -, Lebenskraft 3.3
Dematerialisation 3.10, 7.10, 8.3
Dionysius Areopagita 2.9
Dogmatismus 7.5
Doppelpoligkeit 2.7, 3.10, 5.1, 5.2
- -, physisch-seelische 7.7
- -, anwachsende 7.7
Dynamis 2.9

Eckhart, Meister 2.2
Eigensein 3.7, 3.8, 7.8
Eigentumsrecht 5.3
Einheitserleben 6.1
Einheitsgefühl, instinktives 6.1, 6.3

einpolig männliche Wesen 5.1
einpolig weibliche Wesen 5.1
einpolige Sexualität 5.1
Einpoligkeit 2.7, 5.1
- - , Umbau der .. 5.1
Einweihung 5.3, 6.3, 7.9
Elternprinzip 5.3
Energien, äußere 3.5
- - , erlebende 2.7
- - , innere 3.5
- - , manifestierende 2.7
Entwicklung 4.12
- - der Intelligenz 5.1, 5.2, 5.3, 5.5
- - des Gefühls 5.1, 5.2, 5.3, 5.4
- - des inneren Gegenpols 5.3, 5.4, 5.5, 5.6
Entwicklungsabschnitte der Daseinsreiche 3.13, 3.14
Entwicklungsstufen 3.13
Epigenetik 4.5
Erde 1.1, 3.2, 3.13, 3.14, 6.5
Erde, Erleben der Zeit 6.5
- - , Ernährung geistig 8.1
- - , Ernährung physisch 8.1
- - , Gedankenleben 6.5
- - , Gehirnorgan 6.5, 7.2
- - , kosmisches Bewusstsein 6.5, 8.1
- - , Organe 3.14, 7.2
- - , Organismus 7.2
- - , Störung 7.2
- - , Talentkerne 4.6, 4.8
- - , Wahrnehmungen 7.2
- - , Zerstörung 6.6
Erinnerungen 3.6, 3.8
Erinnerungskosmos 3.4, 3.6, 3.12
Erinnerungsstrom 3.4, 4.7
Erleben 3.2, 3.5, 4.2, 4.11
- - des Denkens 6.3, 7.4
das Erschaffen 3.8
das Erschaffene 2.2, 2.3, 2.5
Erscheinungswelt 2.3
Es-Bewegungen 6.1
Es-Bewusstsein 6.1, 6.3
Eva 3.10, 5.1
ewige Ordnung 4.10

(Das) Ewige Weltbild (Bücher) 1.3
Ewigkeit 1.2, 7.9
Ewigkeitskörper 2.7
Exusiai 2.9

Feuertaufe 1.2
Fichte, Johann Gottlieb 2.2
Finsternis, geistige 3.7, 4.12, 5.1, 5.2, 5.3, 6.1
- - , geistige, Kulmination 4.10, 5.5, 5.6, 6.4, 7.1
Fortpflanzung 5.1
fraktale Strukturen 3.9
französische Revolution 5.5
Frederiksberg (Ort) 1.3
Freiheit 4.10, 4.11, 4.12

Galaxienebene 3.4
Galaxienspirale 3.4, 3.14, 3.15
Gebet 1.1
Gebser, Jean 6.2
Gedächtnis 3.6
Gedächtnisenergie 2.6, 3.5, 3.6, 3.8
Gedächtnisspur 3.8
Gedanken 3.3, 3.5
Gedankenströme 3.3
Gefühle 5.2
- - , persönliche 5.1
- - , Verbindung mit den Wahrnehmungen 7.4
Gefühlsenergie 2.6, 3.5, 3.6, 3.8, 6.4
- - , Dominanz 7.5
- - , zunehmende 7.7
Gegenpol, innerer 5.1, 5.2
- - , männlicher 5.1
- - , zunehmender 7.7
- - , weiblicher 5.1
Gegensatz 2.3
Gegenwartskrise 6.4
(Die) Geheimwissenschaft im Umriss (Buch) 3.11
Gehirn, Entwicklung durch die Polverwandlung 7.8
Geistesleben 6.5
Geisteswissenschaft Vorwort, 3.11, 7.1, 7.6, 8.4
Gemeinschaftsformen, neue 7.6
Geschlechtsakt 5.1
Glauben 5.4, 6.3, 6.4

Glaubenssuggestionen 5.4, 5.5
Götterdämmerung 5.5, 6.4, 7.1
göttliche Welt 3.2, 3.4, 3.6, 3.10, 3.14
Goldkopien 3.6
Gott 1.2, 2.2, 2.3, 2.4, 2.8, 3.4, 3.7
- -, primäres Bewusstsein 3.7
- -, sekundäres Bewusstsein 3.7
Gottheit 2.3
Grundenergie 2.4
Gruppenseelen 7.2

Handlungsfreiheit 4.12
Hegel, Georg Wilhelm Vorwort, 2.2
Hierarchien 2.9
Himmelskörperebene 3.4
Himmelskörperspirale 3.7, 3.15, 4.9
Hinduismus 2.4
Hochkulturen 5.3
höchstes Feuer 5.1
Hypothese Vorwort

Ich 1.2, 2.2
- -, persönliches 3.12
- -, universelles 2.2, 2.3, 2.4, 2.5, 2.8, 3.4, 3.12, 4.7
identifizieren 3.5
Identität 3.12, 4.7, 4.8
Individualität 3.4, 3.12
Individuum 2.4
Instinkt, geistiger 5.3, 5.5, 6.1, 6.3, 6.4
- -, religiöser 5.4
Instinktenergie 2.6, 3.5, 3.6, 3.7, 3.8, 6.3
intellektualisiertes Gefühl 5.2, 7.8
Intelligenz 5.1, 5.2
Intelligenzenergie 2.6, 3.5, 3.6, 3.8, 6.3, 6.4
Intuition 3.6, 5.5
Intuitionsenergie 2.6, 3.5, 3.6, 3.8, 6.1, 7.8
Islam 5.4

Jahreslauf 3.9
Jupiter, zukünftiger 3.11

Karma 4.12, 7.1
Karmaauslösung 7.1
Klint (Ort) 1.3

Kontrast 2.2, 2.4
kosmische Analysen 7.9
kosmische Blitze 7.8
kosmische Chemie 4.12
kosmischer Spiralkreislauf 3.4, 3.9
kosmisches Bewusstsein 1.2, 2.8, 3.7, 5.2, 7.8, 8.1
Kosmos 3.2, 3.4, 3.7
Kosmos (Zeitschrift) 1.3
Kulturentwicklung 5.1
Kulturzusammenbruch 5.6
Kyriotetes 2.9

Lebensäußerungen 2.5
Lebenseinheiten 3.2, 3.13, 6.5
Lebenserleben 2.3, 2.5, 3.7, 3.12, 3.13, 4.1
Lebenskraftimpulse 8.1
Lebewesen 2.5
Leere 2.2
Leiden 4.12, 5.1, 5.2, 7.9
Licht, göttliches 3.7, 5.2, 6.1
- - , göttliches, Kulmination 4.10
Liebe 7.6, 7.7
- - , einpolige Verliebtheit 7.7
Livets Bog (Buch) 1.3
Løw, Bernhard 3.11
Logik (Buch) 1.3

Machtausübung 7.5
Makrokosmos 3.2
Makro-Makrokosmos 3.14
Makroorganismus 3.14
Makrowesen 3.2, 3.3, 3.13, 4.1, 4.2
manifestieren 3.5, 4.2
Martinus 1.1, 1.2, 1.3, 3.11, 8.4
Martinus-Institut 1.3
Materialisation 3.10, 7.10, 8.3
Materialismus 5.5, 7.3, 7.4, 8.1
Mensch, androgyner 3.10
- - , archaischer 6.1, 6.3, 6.4
- - , doppelpoliger 7.10
- - , magischer 6.2
Menschenreich 3.4, 3.6, 3.7, 3.13, 3.14, 4.8
Menschenreich, wahres 3.10, 6.6, 7.8

Menschheit 1.1, 3.13, 6.5
Mikrokosmos 3.2
Mikro-Mikrokosmos 3.15
Mikrowesen 3.2, 3.3, 3.13, 4.1, 4.2
Milchstraße 3.2
- -, Zentrum 8.1
Mineralreich 3.2, 3.4, 3.6, 3.13
Mitgefühl 7.7
Mittelalter 6.2
Mond, alter 3.11
Moralvorstellungen 5.1
Moses, Zehn Gebote 5.3
Mutterenergie 2.6
Mysterien 6.3

Nächstenliebe 3.12, 4.11, 7.1, 7.7, 8.2
Naturgesetze 3.3, 4.1
Naturgewalt 3.3
Naturreiche 3.3, 3.13
Naturwissenschaft 7.6
neuer Weltimpuls 5.4, 7.5, 8.1
Nibelvang, Lars 1.2, 1.3
Nominalisten 6.3

Objektivität 6.4
Offenbarung Vorwort
Organe 2.9, 3.2, 3.3, 4.5, 4.7, 4.9
- -, Aufbau 4.5
Organebene 3.4
Organspirale 3.7, 3.15, 4.5, 4.7, 4.8
Organwesen 4.5, 4.9
Organismen 3.3, 4.7, 4.9
Organismus, doppelpoliger 7.10
Organismus der Erde 3.2
Organismusebene 3.4
Organismusspirale 3.7, 3.11, 3.15, 4.5, 4.9

Paradiesmythos 3.10, 5.1
Perspektive, allgemeine 4.2
- -, persönliche 4.2
- -, räumliche 6.2
Perspektivprinzip 4.2
Pflanzen 3.7
Pflanzenreich 3.2, 3.4, 3.6, 3.7, 3.13, 4.8

Philosophie, antike und mittelalterliche 6.3
physischer Körper 3.14
Plotin 2.2
Pol, femininer 2.7
Pol, maskuliner 2.7
Politik, Weiterentwicklung 7.6
Polorgane 2.7
Polverwandlung 5.1, 5.5, 7.8
Pralaya 3.11

Quantenphysik 3.15

Raum 7.9
Raum, objektiver 6.2, 7.3
Raumvorstellungen 3.15
Realisten (Begriffsrealisten) 6.3
Religionen 5.3, 6.5
- - des tötenden Prinzips 5.3
- - , humane Weltreligionen 5.4, 5.5
Religiosität 5.3
Renaissance 6.2
Repetition des Pflanzenreichs 3.9, 3.10, 6.1
- - des Tierreichs 3.9, 3.10, 5.1, 6.1
Repetitionen in der Kindheit und Jugend 3.9
Rückkehr der Bewegungen zu ihrem Ausgangspunkt 3.14, 4.12

Saturn, alter 3.11
Sehen 6.2

Schelling, Friedrich Wilhelm 2.2
Schlafbewusstsein 2.6
Schöpferkraft, -kräfte 2.3, 2.9, 3.1, 3.5
- - , individuelle 2.3, 2.4
Schöpfungsorgane 2.8
Schöpfungsvermögen 2.2, 2.3
Schwereenergie 2.6, 3.5, 3.6, 3.7, 3.8, 6.1, 6.4, 7.5
- - , abnehmende 7.7
- - , von der Gefühlsenergie beherrschte 7.8
Schwingungen 2.5, 4.1, 4.3

Selbstbehauptungswille 3.8
Seligkeitsenergie 5.1
Seligkeits- oder Gedächtnisreich 3.2, 3.4, 3.6, 3.7, 3.10, 3.14

Seraphim 2.9
Sexualität 5.1, 5.2
- -, Auflösung der Tabus 5.6
- -, Tabuisierung 5.1, 5.2
- -, Weiterentwicklung 7.7
Sexualorgane, Degeneration 7.7
Sinnesempfindungen 3.8
Sinneswahrnehmungen 5.1
Sonne, alte 3.11
Sonnensystem 3.2
Sonnensystemebene 3.4
Sonnensystemspirale 3.15
Spiralkreislauf, Ort im .. 4.11
Spiralkreisläufe 3.4, 3.6
Spiralkreislauf der Daseinsebenen 3.15
- - durch ein Daseinsreich 3.10
Spiralzentren 2.6, 2.9
Spiralzentrum der Gedächtnisenergie 2.9
- - der Gefühlsenergie 2.9
- - der Instinktenergie 2.9
- - der Intelligenzenergie 2.9
- - der Intuitionsenergie 2.9
- - der Schwereenergie 2.9

Steiner, Rudolf 2.9, 3.11
Stoffe 4.3
Stoffebene 3.4
Stoffspirale 3.4, 3.14, 3.15

Sünde 5.1
Sündenfall 8.2
Symbole 1.3

Tag des Jüngsten Gerichts 5.5, 6.4, 7.1
Tageslauf 3.9
Talentkerne 3.8, 4.4, 4.5
- -, Ausbildung 3.8, 4.6, 4.7
- - zum Aufbau eines doppelpoligen Organismus 7.10
- - zum Aufbau von Organen 4.5, 4.6, 4.8
- - zum Aufbau von Organismen 4.6, 4.8, 4.9
- - zum Aufbau von Zellen 4.5, 4.6
Technik, Weiterentwicklung 7.6
Theodizee 3.7, 4.12
Thomas von Aquin 6.3

Throne 2.9
Tierreich 3.2, 3.4, 3.6, 3.7, 3.10, 3.13, 4.8
Todesschrei des Tieres 5.3
tötendes Prinzip 3.7

Überbewusstsein 2.5, 2.7, 3.1, 3.4, 3.6, 3.7, 3.8, 4.4, 4.5, 5.1
Übergang vom Menschen im Tierreich
  zum Menschen im Menschenreich 3.14
Übergangszeit zum wahren Menschenreich 3.10, 5.5, 7.1 bis 7.9
Überschussenergien 7.10
Überschussstoff 7.10
Umwelt 3.3
Unendlichkeit 1.2
Ungleichgewicht zwischen den Grundenergien 3.6, 4.2
Universalbewusstsein 7.9
Universum 2.2
Unwissenheit 3.7
Urbegehren 2.4, 2.5, 3.1, 3.4
Ursprung und Gegenwart (Buch) 6.2

Venus, zukünftige 3.11
Verkörperungen der Erde 3.11
Völkerseelen 7.2
Vorsehung 6.6
Vulkan, zukünftiger 3.11

Wahrheit, objektive 6.3
Wahrnehmen 3.2, 4.2
Wahrnehmung 3.5, 3.8
- - des Raumes 6.2, 7.3
- - , objektive 4.2
Wahrnehmungsorgane 2.8
Wahrnehmungsperspektive 4.11
Weisheitsreich 3.2, 3.4, 3.6, 3.10, 3.14
Welt 2.1
- - , äußere 3.5
- - , erschaffene 4.5
- - , innere 3.5
- - , objektive 6.2
Weltenplan 7.1, 7.9
Welterlöser 8.1
Weltkrieg, erster 5.5
- - , zweiter 5.5

Weltkrise 5.5
Wertneutralität 7.6
Wesen 2.3, 2.4, 3.1, 3.2, 3.7
- - , ahrimanische 3.11
- - , böse 3.11
- - der göttlichen Welt 2.9
- - des Gedächtnisreiches 2.9
- - des Weisheitsreiches 2.9
- - , luziferische 3.11
- - , Zusammenschlüsse von Wesen 4.7
Wesen in Wesen 3.2
Wesenszusammenhang 4.1
Wiederverkörperungskreislauf 3.9
Wirklichkeit, objektive 6.3
Wirtschaft, Weiterentwicklung 7.6
Wissen 3.7
Wissenschaft, Methode 6.4

X1 2.3, 3.1, 3.4, 4.2, 4.5
X2 2.3, 4.5
X3 2.3, 2.4, 4.2, 4.5

Zeit 7.9
Zeitalter, magisches 6.4
- - , mythisches 6.4
Zellebene 3.4
Zellen 2.9, 3.2, 3.3, 4.7
Zellspirale 3.15
Zeugungsorgane 5.1
Zone der unglücklichen Ehen 7.7
Zusammenspiel von Finsternis und Licht 5.1
- - von Makrowesen und Mikrowesen 3.13
Zusammenbruch der Zivilisation 7.1, 7.6
zwischenkosmische Spirale 3.7
Zwischenkosmos 3.2, 4.1

LITERATURVERZEICHNIS

Martinus
Livets Bog (Buch des Lebens)
Band 1 (in deutscher Übersetzung), Martinus Institut, Kopenhagen 1992
Band 2 (in deutscher Übersetzung), Martinus Institut, Kopenhagen 2001
Band 3, Borgens Forlag 1994
Band 4, Borgens Forlag 1983
Band 5, Borgens Forlag 2003
Band 6, Borgens Forlag 1984,
Band 7, Borgens Forlag 1985
Logik, Martinus Institut, Kopenhagen 1994
Beisetzung, Martinus Institut, Kopenhagen 2003
Das Ewige Weltbild
Band 1, Martinus Institut, Kopenhagen 1988
Band 2, Martinus Institut, Kopenhagen 2001
Band 3-4, Martinus Institut, Kopenhagen 2002
Den intellektualiserede Kristendom (Das intellektualisierte Christentum), Borgens Forlag 2004
Artikelsamling 1 (Artikelsammlung 1), Borgens Forlag 2002

Kleinere Schriften:
Das Schicksal der Menschheit, Martinus Institut, Kopenhagen 1995
Ostern, Martinus Institut, Kopenhagen 2002
Zur Geburt meiner Sendung, Martinus Institut, Kopenhagen 2005
Die ideale Nahrung, Martinus Institut, Kopenhagen 2004
Der am längsten lebende Abgott, Martinus Institut, Kopenhagen 1992
Die Menschheit und das Weltbild, Martinus Institut, Kopenhagen 1998
Kosmisches Bewusstsein, Martinus Institut, Kopenhagen 2003
Das Weihnachtsevangelium, Martinus Institut, Kopenhagen 1997

Bevidshedens Skabelse (Die Schaffung des Bewusstseins), Martinus Institut, Kopenhagen 2004
Ud af mørket (Aus der Finsternis heraus*)*, Martinus Institut, Kopenhagen 2003
Das Reinkarnationsprinzip, Martinus Institut, Kopenhagen 2004
Livets skæbnespil (Das Schicksalsspiel des Lebens*)*, Martinus Institut, Kopenhagen 1991
Kosmiske Glimt (Kosmische Erleuchtungsblitze), Martinus Institut, Kopenhagen 2004
Meditation, Martinus Institut, Kopenhagen 2003
Jenseits der Todesfurcht, Martinus Institut, Kopenhagen 2005
Der Weg des Lebens, Martinus Institut, Kopenhagen 2005
De levende Væseners Udødelighed, (Die Unsterblichkeit des Lebewesens), Martinus Institut, Kopenhagen 1989
Kulturens skabelse (Die Erschaffung der Kultur), Martinus Institut, Kopenhagen 1995
Der Weg ins Paradies, Martinus Institut, Kopenhagen 2004
Die Schaffung des Weltfriedens, Martinus Institut, Kopenhagen 2005
Zweierlei Liebe, Martinus Institut, Kopenhagen 2005
Durch die Pforte des Todes, Martinus Institut, Kopenhagen 1991
Die Ehe und die Allliebe, Martinus Institut, Kopenhagen 2005

Andere Autoren
Bucke, Richard Maurice, *Cosmic Consciousness*, Philadelphia 1905
Carter, Mary Ellen, *Prophezeiungen in Trance,* Genf 1971
Gebser, Jean, *Ursprung und Gegenwart*, Erster und zweiter Teil, Novalis Verlag 2010
Ders., *Einbruch der Zeit*, Schaffhausen 2008
Haraldsson, Erlendur, *Sai Baba – ein modernes Wunder*, Freiburg 1994
Lipton, Bruce H., *Intelligente Zellen, Wie Erfahrungen unsere Gene steuern,* Burgrain 2009
Spork, Peter, *Der zweite Code, Epigenetik oder wie wir unser Erbgut steuern können,* Reinbek 2009

Steiner, Rudolf, *Die Geheimwissenschaft im Umriss,* GA 13, Dornach 1962

Ders., *Die Mission einzelner Volksseelen im Zusammenhang mit der germanisch-nordischen Mythologie,* GA 121, Dornach 1982

Ders., *Das esoterische Christentum und die geistige Führung der Menschheit, GA 130, Dornach 1987*

Taylor, Jill B., *Mit einem Schlag,* München 2010

Todt, Uwe, *Martinus Leben und Werk, Band I, Martinus' Leben 1890-1981,* Schaffhausen 2007

dto, Band II, Sein Werk, Schaffhausen 2008

Weischedel, Wilhelm, *Der Gott der Philosophen,* Band 1 u. 2

Werner, Michael und Stöckli, Thomas, *Leben durch Lichtnahrung,* München 2005

Zinglersen, Sam, *Martinus – som vi husker ham,* Kopenhagen 1989

Yogananda, Paramahansa, *Autobiographie eines Yogi,* Bern 1974

Weitere Informationen zu dem Werk von Martinus:
Martinus-Institut
Mariendalsvej 94-96
DK-2000 Frederiksberg
Tel. 0045 38 34 62 80
E-Mail: info@martinus.dk
www.martinus.dk

Uwe Todt, „Martinus, Leben und Werk", Band I, Martinus' Leben

Band 1 ist eine umfassende, deutschsprachige Biografie des dänischen Denkers und Philosophen Martinus Thomsen, genannt Martinus, der von 1890 bis 1981 lebte und in Deutschland noch weitgehend unbekannt ist. Martinus erlebte im Alter von 30 Jahren eine vollständige Transformation seines Bewusstseins, die er als "große Geburt" oder "kosmisches Bewusstsein" bezeichnete. Diese Bewusstseinsverwandlung setzte ihn in die Lage, ein beeindruckendes Lebenswerk zu schaffen, das in Buchform in mehreren Sprachen erhältlich ist. Zeit seines Lebens fand er Freunde und Förderer, die ihm halfen, das noch heute bestehende Martinus-Institut in Kopenhagen und das Martinus Center in Klint an der Nordküste von Seeland aufzubauen. In Letzterem finden alljährlich internationale Sommerkurse über die Martinus-Kosmologie statt.

ISBN 978-3-907260-46-3
(D) 14,80 € (A) 15,-- € (CH) 18,-- CHF

Bestellung beim Buchhandel oder auf unserer Hompeage www.novalisverlag.de

Uwe Todt, „Martinus Leben und Werk", Band II, Martunus' Werk

In diesem 2. Band über Martinus' Leben und Wirken geht U.Todt auf die Inhalte der kosmischen Analysen des dänischen Eingeweihten ein. In der Unwissenheit sah Martinus die Quelle aller Leiden. Diese Unwissenheit bezieht sich auf den göttlichen Weltenplan, die Schicksalsbildung und das Verständnis für den Nächsten. Martinus' einziges Motiv für die Abfassung seines Lebenswerkes war, dieser Unwissenheit abzuhelfen, um den Menschen einen Kompass in die Hand zu geben, an dem sie sich in den Wirrnissen des Lebens orientieren können. Im Anhang dieses Bandes befinden sich Abbildungen einiger Martinus' Symbolzeichnungen.

ISBN 978-3-907260-48-7
(D) 19,80 € (A) 20,-- € (CH) 24,-- CHF

Bestellung beim Buchhandel oder auf unserer Hompeage *www.novalisverlag.de*

Symbol Nr. 12

Die Kombinationen der Grundenergien

Das Symbol zeigt die 6 Daseinsebenen des Lebens und symbolisiert zugleich einen sich fortsetzenden kosmischen Kreislauf. In jeder Ebene gehen die 6 Grundenergien eine bestimmte Kombination im Bewusstsein des Lebewesens ein. Die verschiedenen Daseinsebenen werden dadurch gekennzeichnet, dass eine der Energien gerade kulminiert.

Die quadratischen Felder symbolisieren die 6 Daseinsebenen:

Pflanzenreich	rot
Tierreich	orange
Wahres Menschenreich	gelb
Weisheitsreich	grün
Göttliche Welt	blau
Seligkeits- oder Gedächtnisreich	indigo

Die 6 senkrechten Figuren zeigen die Entfaltung der Grundenergien. Das geschieht durch eine ewige rhythmische Entfaltung vom latenten zum kulminierenden Zustand.

In jeder Daseinsebene kulminiert eine Grundenergie und eine ist latent. Zwei nehmen zu, und zwar im ersten und zweiten Stadium nach dem latenten Zustand, und zwei nehmen ab, und zwar im ersten und zweiten Stadium nach der Kulmination. Die skizzierten Grundenergiekombinationen sind das ewige Lebensfundament und die Grundlage für das Lebenserleben aller Lebewesen.

Siehe hierzu auch die Erklärung von Symbol Nr. 12 im Buch Martinus, *Das Ewige Weltbild*, Band 1